ピッチャー
キャッチャー
バッターのための
野球教書

バッテリーが考える配球
バッターの配球の読み方

配球の考え方と読み方

大田川茂樹 著

はじめに

配球とは、バッターにボールをどう見せ、どう打ち取っていくかの組み立てである。一般的に配球は、キャッチャーが組み立てていくのでキャッチャーが身に付けなければいけない技術の一つとされている。

しかし、ピッチャーはキャッチャーのサインに対して首を振ることがある。首を振るということはキャッチャーのサインと違うボールを投げたいのだ。または、首を振ることでバッターを迷わせたいのだ。

ピッチャーが首を振っても、自分の組み立てどおりに投げさせるキャッチャーもいるが、ほとんどの場合、ピッチャーの投げたいボールを投げさせるキャッチャーの方が圧倒的に多い。これは、ピッチャーに気分よく投げさせたいからでキャッチャーとして必要なことでもある。

ピッチャーはバッターと対戦していてキャッチャーとは違う感覚があるときがある。キャッチャーのサインどおりに投げると打たれそうな感覚だ。そんなときにピッチャーは首を振って自信のあるボールを投げたいのだ。

キャッチャーは、ふだんの練習からピッチャーとのコミュニケーションを大事にし、ピッチャーとの信頼関係を築くことが大事で、その信頼関係が生まれてくればピッチャーはキャッチャーのサインに首を振らなくなる。

ピッチャーが首を振って投げたいボールがあるということは、ピッチャーも配球の基本を学び、どう組み立てればバッターを打ち取れる確率が高くなるかが分かっていなければいけない。それを知らずに首を振って、感覚的にただ投げたいボールを選択すると打たれる確率が高くなる。また、首を振って投げるボールは自分が自信を持っている決め球（球種）ばかりだと簡単に読まれてしまう。ピッチャーも配球の基本を理解し投球に生かすことが大切なのだ。その上で同じパターンにならないことが重要だ。

一方、バッターはどうか？　バッターもいろいろ考えて頭を整理して打席に立つべきなのだ。ただ来たボールを打つだけでは成長出来ない。バッターも配球の勉強をして試合での観察力を高めると、打てる確率が大幅にアップする。

今回はカウント別配球の考え方や狙い球の絞り方を近年の中学生の硬式野球大会や高校生の甲子園大会からピックアップしたデータを基に分析して、抑えられる配球、打つために配球をどう読むかを解説していく。

著者　大田川茂樹

目次

第1章 配球の考え方

第2章 バッテリーとバッターの考え方

第3章 バッターの構え方で特長や弱点を見抜く

第4章 バッターの動きで特長や弱点を見抜く

第1章

配球の考え方

配球の基本を覚える

　どのボールをどう見せバッターの感覚を狂わせながら、どう打ち取っていくかを考えるのが配球だ。普通に考えれば、スピードボールの次ぎにスローボール、スローボールの次ぎにスピードボール、高めの次ぎに低め、低めの次ぎに高め、アウトコースの次ぎにインコース、インコースの次ぎにアウトコースというように見せればバッターの感覚は狂ってくる。それは、バッターには直前に見た残像が脳裏にあるからだ。逆に、どんなバッターでも同じボールを見続ければ対応出来てくるのだ。バッターの残像を生かしながら感覚を狂わせ、思いどおりのバッティングをさせないために配球を考えるのだ。

　配球の基本を考えると大きく分けて3種類

高低を使う

緩急を使う

あるといえる。

　最も基本的な配球はピッチャー中心の配球だ。特に相手打線の情報が少ないときは、ピッチャーの持ち球と特長を生かした配球をするのが基本だ。

　二つ目の基本は、相手バッターの情報が分かっているときに、それに適した配球をすることだ。バッターにはインコースが苦手、アウトコースが苦手、変化球が苦手、遅い球が苦手、速い球が苦手、高めが苦手、低めが苦手など様々な弱点をもった選手がいる。バッターの弱点をどんどん突いていくのだ。

　三つ目の基本は、状況に応じた配球だ。三振を取りたいとき、バントをされたくないとき、ゲッツーを取りたいときなどの配球だ。この三つの基本をもとに試合展開を考えながら配球を変化させていくのが配球の基本といえる。

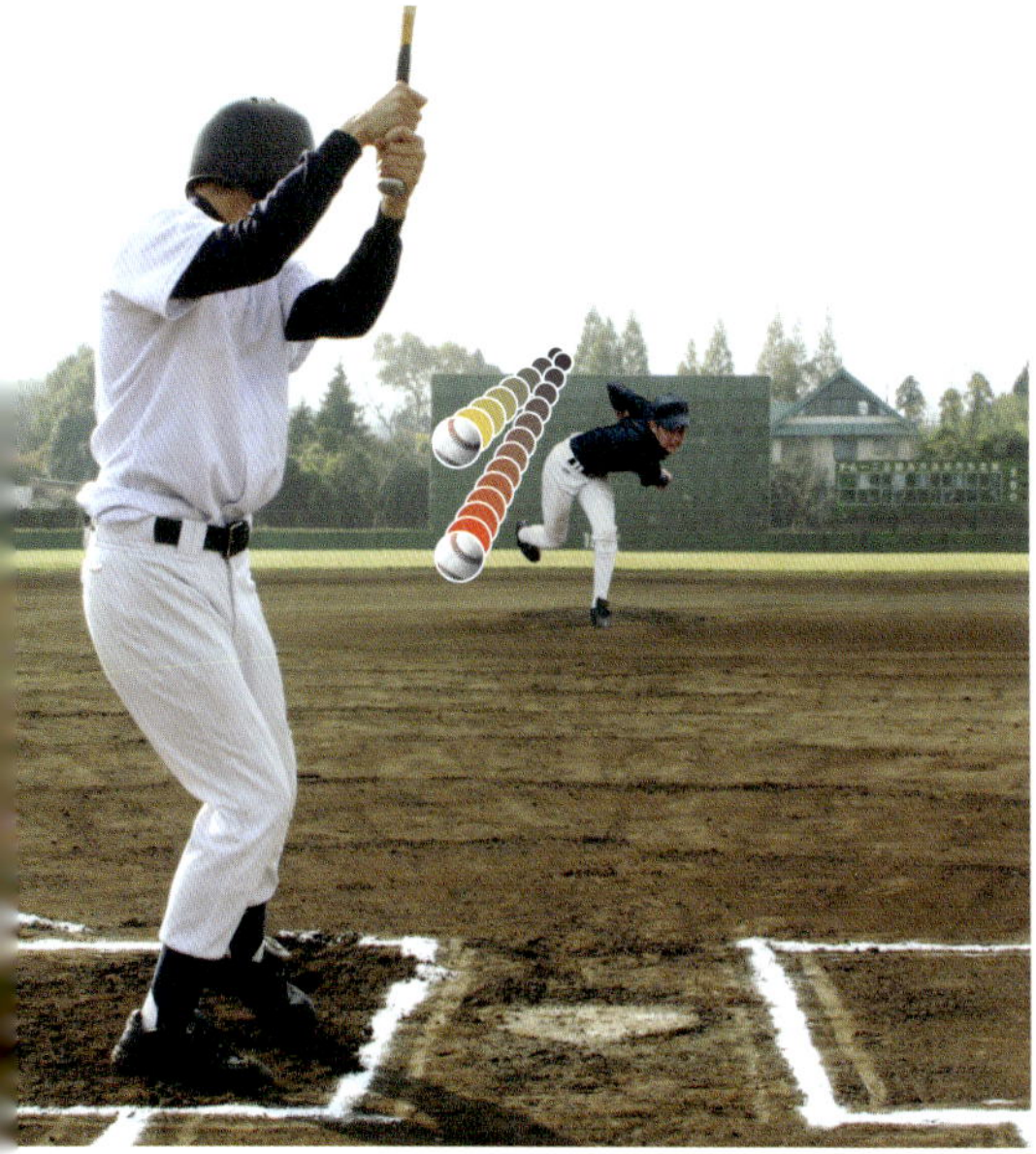
弱点を突く

左右のコースを使う

1球で打ち取る配球が理想

ピッチャーもキャッチャーも配球を組み立てるとき、三振を取るための組み立てになってはいないだろうか？　理想は1球でアウトを取ることと考えよう。各回の先頭バッターが1球目をポンと打ってポップフライを上げてくれたら、守備側にとってこんなありがたいことはない。

アメリカのメジャーリーグの先発ピッチャーたちは、100球を目処に試合に臨んでいる。無駄球を投げていると早い回で100球に到達してしまう。ボール球は極力使わず、ストライク先行の考え方で、ストライクをどんどん投げストライクゾーンで勝負している。

日本の中学野球や高校野球でもレベルが上がってくれば、基本的にボール球は振らないのだ。

ボール球を振らせて三振を取ったり、凡打にさせたりという考え方もあるが、基本はストライク先行でどんどんストライクを取っていくことが配球の基本なのだ。しかし、ピッチャーとバッ

ツーシームまたはカットボールで打ち損じをさせる

1球で終わらせる

ターの力関係でバッターの力が上回るときは、ボール球を使わないと打たれてしまう。それを見極めて配球するのがキャッチャーの役割だ。

ピッチャーはストライクを先行させバッターを追い込んでいく投球をすれば、バッターは積極的に打ってくるようになる。初球を打たせて凡打に打ち取る、そんな配球を覚えると、組み立ての幅が大きく広がっていくのだ。

では、どんなボールを投げれば1球で打ち取れるか？　それは、ツーシームまたはカットボールだ。ツーシームまたはカットボールを真ん中付近に投げるのだ。ストレートの軌道で来てバッターの手元で微妙に変化するボールを投げるのだ。大きく曲がらず、空振りをさせず、打ち損じをさせるボールだ。相手に変化球と思われないほど小さな変化でいいのだ。むしろ変化球と思われない方がいいのだ。

配球どおりに投げられるピッチャーは少ない。それを考慮した配球をする

学生野球レベルで、毎回、キャッチャーの構えた位置に正確に投げられるピッチャーは少ない。キャッチャーの意図どおり正確に投げられる確率を普段の練習から把握しておくことが重要で、自分よがりの配球にならないことが大切だ。

例えば、アウトコース低めのストレートを要求したのに真ん中に入って来て打たれる。自分は間違って無く、ピッチャーがそこに投げてこなかったから打たれたのだ。などと考えて配球しているようでは、配球のレベルは上がってこない。また、チームも勝てない。打たれたら打たれた配球をした原因が必ずあるのだ。ピッチャーがそこに投げられなかった原因もあるのだ。特に

構えた位置に正確に投げられるピッチャーは少ない

絶対打たれてはいけない勝負どころでの失投は痛い。配球の意図をピッチャーが理解しているかどうかで投球も変わってくる。その1球は取り返しがつかないのだ。1球の大事さ、1球で勝負が決まる厳しさを知ることがとても重要なことなのだ。打たれたら、その原因を分析し、反省し、次の勝負に生かしレベルアップしていくことが重要だ。普段のピッチング練習や過去の試合、ピッチャーのその日の調子や疲れ具合も考慮して、真ん中に入って来る確率も考えながら配球に生かさなければいけないのだ。配球には基本があり、基本どおりにリードすればある程度は抑えられるが、機械的なリードになってはいけない。1球1球、常に考え、バッターの状況やピッチャーのコンディションを考えながら、最善の配球をしていくことが重要なのだ。

一球で勝負が決まる厳しさを知る

インコースを使わないと抑えきれない

中学野球や高校野球の試合を見ていると、アウトコース中心の配球が圧倒的に多い。アウトコース低めはバッターの目から一番遠く捉えるのが難しいが、アウトコース一辺倒だとバッターも予測しやすく踏み込んで打ってくるようになる。インコースをどれだけ使えるかがバッターを打ち取れる重要なキーポイントなのだ。特に強打者はインコースを使わないと抑えきれない。アウトコースとインコースではミートポイントが距離的に違うためアウトコースと同じ位置でインコースを打つと詰まってしまうのだ。逆にインコースと同じ位置でアウトコースを打つと泳いでしまう。バッターに踏み込ませず出来るだけ体を開かせる配球を覚えることも基本の一つだ。

インコースを使う

バッターの得意なコースの近くに弱点がある

どんなバッターにも得意なコースと苦手なコースがある。プロ野球中継を見ているとストライクゾーンを9分割し、それぞれのコースの打率を表示している。コースによって得意、不得意が一目瞭然に分かるデータだ。プロ野球のバッテリーは各バッターのデータが分かっているのでバッターの不得意なコースを中心に攻めているが、得意なコースにも投げているのだ。

例えば、インコース低めが得意なバッターでも一般的には打てるコースはインコース低めのやや甘いストライクゾーンだ。インコース低めぎりぎりのストライクゾーンかボールになるインコース低めに弱点があるのだ。インコース低めが得意なバッターはインコース低めに来たらほとんど

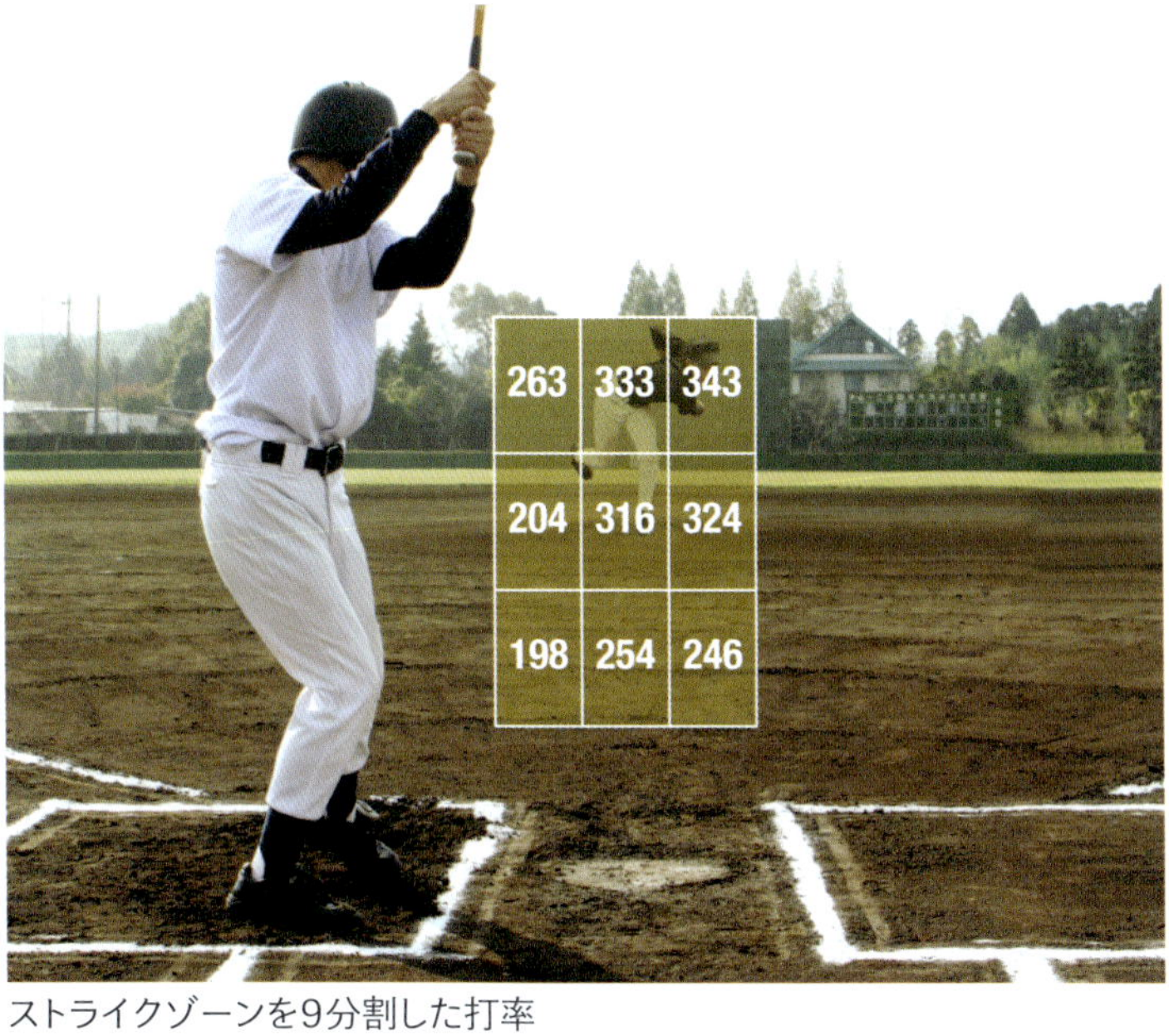

ストライクゾーンを9分割した打率

の場合打ってくる。インコース低めいっぱいかボールになる球だと打ち取れる確率が高いのだ。だからプロ野球のピッチャーはそこを攻める配球もしてくる。他のコースにも同じことがいえる。高めが得意なバッターは少々高くても振ってくる。そこを利用してヒットに出来ない高めのボール球で勝負する配球もあるのだ。ただし、上手くコントロール出来ないと打たれてしまう確率が高いことも理解しておこう。

バッターの苦手なコースが分かっても、そこだけを攻めているとバッターは対応してくるのだ。思い切って得意なコースの近くを攻める配球を覚えよう。例えば、真ん中からアウトコース高めが得意なバッターには、アウトコース真ん中から高めのボール球または真ん中高めのボール球を打たせる配球だ。

得意なコースの近くに弱点がある

球数が増えてくると打たれやすくなる

ピッチャーは疲れてくるとスピードが落ち、変化球の切れも悪くなる。ピッチャーによっては、またはその日の調子によっては、どのくらい投げたら疲れが出るかは様々だ。大リーガーのスターターは中4日が基本なので、次の試合に疲れを残さないためにも100球をめどに降板している。日本のプロ野球もそれに近づいてはいるが、基本的には週1回の先発のため120から130球投げるピッチャーもいる。完投、完封を意識して、それ以上の球数を投げるピッチャーもいる。一般的には100球以上投げると疲れてきて、球威も落ち、バッターの目も慣れ、打たれやすくなるのだ。

また、1イニングでの投球数が多くなると、打たれやすくなることも理解しておこう。四死球やヒットでランナーを出し、その回の投球数が多くなる。そうすると精神的にも追い込まれ、球数の多さで疲れも増してくるのだ。休んでから投げるのと、投げ続けるのとでは球威や切れに違いがでてくることが分かっていなければいけない。

2017年夏の甲子園大会、三日目の木更津総合高校対日本航空石川高校戦で、9回表、5対1で勝っていた木更津総合高校がツーアウトから連打を浴び逆転された。このときのピッチャーはそれまで既に140球以上投げていたのだ。また、初日の第1試合で波佐見高校のピッチャーは120球を超えた9回に追い付かれ、替わったピッチャーが打たれて逆転サヨナラ負け。第3試合の藤枝明誠高校のピッチャーも延長11回、172球目を打たれサヨナラ負け。2回戦から出場した板井高校のピッチャーは100球を超えた8回の裏に3点を取られ逆転負け。同じく2回戦から登場した京都成章高校のピッチャーは120球を超えた9回裏、2本のヒットを打たれサヨナラ負けを喫した。

この大会では100球以上投げ完投して勝ったピッチャーもいるが、80%のチームが2人以上の継投で試合を戦っていた。特に、優勝した花咲徳栄高校と準優勝の広陵高校は全試合継投で、ピッチャーの力を最大に生かす投球数を考えながら勝ち上がった。他チームの完投能力のあるピッチャーでも、85球から115球をめどに交替しているケースが多かった。もっとも力が発揮出来、効率良く抑えられる投球数の分析が進

集計（凡打）

インコース ← → アウトコース

0	5	2	6	0
2	12	21	20	2
1	16	8	16	4
2	7	7	8	5
2	4	0	3	1

集計（ヒット）

インコース ← → アウトコース

0	0	0	0	0
0	7	11	12	0
0	5	6	8	0
0	2	5	12	0
0	1	0	0	0

2017年全国高校野球選手権大会初日3試合合計の凡打とヒット数をコース別に集計したもの。ピッチャーの被打率は326打数69安打で3割9厘だった。

んできたのだ。この数値を分析すると甲子園で勝ち進むためには使える２人以上のピッチャーが必要だという事が分かる。

投球数の分析は１試合での投球数だけではなく、それぞれの回での投球数も分析されてきている。一例をあげると、２０１７年夏の甲子園大会初日の３試合を集計してみると、３試合の平均打率が３割０分９厘だったが、一つの回に21球以上投げたときのピッチャーの被打率は４割１分２厘だった（録画を見ながらの自己集計）。この結果を見ても、一つの回で21球以上投げたときは、それ以下より明らかに打たれやすくなることが分かった。今回は、仮に21球としたがピッチャーによっての個人差があるので、同じ回に何球投げたら球威が落ちるかを分析しておくと配球に生かせるはずだ。

集計（21球以上凡打）

インコース　　アウトコース

0	0	0	0	0
0	1	3	1	0
0	0	0	0	2
0	0	1	0	1
1	0	0	0	0

集計（21球以上ヒット）

インコース　　アウトコース

0	0	0	0	0
0	1	2	1	0
0	1	1	0	0
0	1	0	0	0
0	0	0	0	0

2017年全国高校野球選手権大会初日３試合で１つの回に21球以上投球したときの凡打とヒット数をコース別に集計したもの。ピッチャーの被打率は17打数７安打で４割１分２厘だった。３試合合計の被打率、３割９厘と比較してみても、１つの回で21球以上になると打たれやすくなっていることが分かる。

インコースを意識させてアウトコースで打ち取る配球

インコースを意識させてアウトコースで勝負するというのが配球のいちばんの基本だ。配球の1球1球にはキャッチャーの考えがあり、それぞれの1球によって、次ぎのボールを生かすのが配球だ。インコースを攻めないでバッターを抑えるのはもっとも難しい配球といえる。バッテリーはインコースを使う配球を覚えることが重要だ。ただし、インコースを攻めるときに気をつけなければならないことがある。インコースは、デッドボールになる確率が高く、甘くなると長打を打たれる確率も高いのだ。

思いどおりのコースに決まれば、バッターからすると、インコースは体に近いため残像が残りや

インコースを見せてからアウトコースで打ち取る

すく、顔に近いため恐怖心も生まれる。また、打つポイントが前のため始動を早くすることを意識し踏み込めなくなる。インコースを意識させることがアウトコースのボールをより有効に使うための配球なのだ。

バッターがインコースを意識すると体の開きが早くなる。少しでも体を開かせられればバッテリーの勝ちだ。

バッターの胸元へ投げて、アウトコースへ投げることで、ストライクゾーンを広く使うことが出来、幅の広いピッチングが出来るのだ。最終的な勝負球をアウトコース低めの変化球にしているピッチャーが多いが、その前にインコースを見せることで、空振り、内野ゴロ、ポップフライに打ち取れる確率が高くなるのだ。

インコース高めのストレートを見せてからアウトコース低めの変化球で打ち取る配球。対角を攻めると効果的

アウトコースを意識させてインコースで打ち取る配球

インコースは打たれれば飛ぶが、インコースをきれいに打ち返す技術をもった選手は少ない。

２０１７年夏の甲子園大会初日の３試合で投じられた９２１球のうち、３２６球がインコースで４１１球がアウトコースだった。約35％がインコースだ。そのうちインコースは66打数15安打、アウトコースは97打数32安打でピッチャーの被打率はインコースが２割２分７厘、アウトコースが３割３分０厘という結果だった。被打率で考えてもインコースの方が打たれていないのだ。ということは、アウトコースを意識させてインコースで打ち取る配球がとても効率がいいことが分かる。

ピッチャー目線で考えると対角線の投球、つまり右ピッチャーは左バッターへのインコース、左ピッチャーは右バッターへのインコースは角度がつ

インコース　アウトコース

集計（投球位置）

31	45	29	44	18
14	50	67	70	26
20	67	35	67	39
16	34	36	48	36
25	24	17	21	42

集計（ヒット）

0	0	0	0	0
0	7	11	12	0
0	5	6	8	0
0	2	5	12	0
0	1	0	0	0

集計（凡打）

0	5	2	6	0
2	12	21	20	2
1	16	8	16	4
2	7	7	8	5
2	4	0	3	1

3試合の投球位置とインコースアウトコースの凡打とヒットの集計表。インコースが66打数15安打、2割2分7厘。アウトコースが97打数32安打。3割3分0厘だった。インコースの方が打たれていない。

く分投げやすくなる。いきなりインコースを突くのではなく、外のストレートや変化球を見せてからインコースを突く配球が有効なのだ。

インコースの高さは真ん中でいいのだ。低めは一瞬遅れてもバッターが腕が伸ばせ芯に当てられる。高めはファウルになりやすい。真ん中は腕が体から離れず詰まるのだ。

右ピッチャーは左バッターのインコースが投げやすい

左ピッチャーは右バッターのインコースが投げやすい

アウトコースを見せてからインコースで打ち取る

変化球を意識させてストレートで打ち取る配球

2017年夏の甲子園大会では、追い込んで低めの変化球を振らせて三振を取るケースが目立った。逆に変化球で追い込んでストレートを見逃させる投球も数多くあった。これは縦の変化が有効であるということだ。人間の目は横に着いている、横の変化にはついていきやすいが逆に縦の変化には弱いのだ。また、変化球とストレートのコンビネーションは縦の変化だけではなく緩急がつく。緩急差が大きいとバッターは感覚が狂うのだ。

バッターは低めの落ちる変化球を意識するとストレートに対応するのが難しくなる。追い込まれていればなおさらだ。ストレート勝負のときは、いかに低めの変化球を意識させるかだ。それは変化球で追い込み、追い込むまでにストレートを見せないことなのだ。

外のカーブとスライダーまたはチェンジアップで1ボール2ストライク、または2ボール2ストライクのカウントを作るのだ。そうすればインコース高め、インコース低めまたはアウトコース低めのストレートで打ち取れる確率が大幅にアップするのだ。

変化球で追い込みストレート勝負

高めのストレートを振らせる配球

どんなときに高めのストレートを振らせたいかを考えてみよう。高めはフライになりやすい。高さを間違うと簡単に外野フライを打たれてしまう。0アウト、または1アウトで3塁にランナーがいるときの高めは禁物だ。ランナー無しで0ボール2ストライクまたは1ボール2ストライクと追い込んだときに高めのストレートを使いたいのだ。基本は高めのストライクゾーンよりボール2個分高いボールゾーンを攻めるのだ。ピッチャーはボール球を投げるのだからといって気持ちを抜いて投げてはいけない。しっかり腕を振って、バットに当てられない最高のボールを投げるのだ。そうすれば空振りが取れるはずだ。高めのコースは真ん中が基本。アウトコースやインコースぎりぎりだと振ってくれない。真ん中高めだと思わず手を出したくなるのがバッター心理だ。追い込むまでに低めの変化球を使っていれば、もっと簡単に打ち取れる。高めのストレートで打ち取りたいときは低めの変化球を見せておくこともポイントの一つだ。また、下からバットが出る打ち気満々のプルヒッターには特に有効だ。初球に高めのストレートを使うと打ってきて、簡単にフライを上げてくれる可能性が高い。バッターを見て簡単にフライを上げさせる配球も身に付けよう。

真ん中高めのボールゾーンを振らせる

低めの変化球を振らせる配球

引っ張りタイプのプルヒッターには低めの縦に落ちる球種が有効だ。また、1球目から打ちにきているバッターにも有効だ。引っかけて内野ゴロになるか空振りでストライクを先行させることが出来る。ただし、この球種は、カウントを稼ぐためにも有効だが、追い込んで三振を取るときに使いたいのだ。

バッターは追い込まれると、低めの縦に落ちる変化球と伸びて来るストレート、さらには左右のコースと変化を想定しなければならず、的が絞れない。ストライクゾーンからボールゾーンに落ちて来る変化球が投げられれば、空振りを取れる確率はぐんとアップする。

だが、落ちる変化球を投げるときは、左右の

打ちにきているバッターやプルヒッターは低めの変化球を打たせる

コースぎりぎりを狙うとバッターはコースを見切って振ってこないので、コースは真ん中でいい。真ん中低めのストライクゾーンからボールゾーンに落ちてくるボールが投げられることが重要なのだ。注意しなければいけないのは、高い位置から真ん中に落ちてくるボールになることだ。高めから真ん中に入って来る縦の変化球は、ただのスローボールと変わらない。とても打ちやすいボールになるのだ。

横の変化やストレートで追い込み、決め球に落ちるボールを使う配球の組み立てを覚えよう。追い込むまでにストレートを見せておくことが重要で、低めの変化球を振らせる配球はバッターにストレートがあるという意識付けをすることがポイントだ。

左右のストレートを見せて、決め球に落ちる変化球を使う

ファウルを打たせる配球

ファウルを打たせる球種が一つあるとピッチングの幅が大きく広がる。ファウルを打たせるために最も有効な球種は、右ピッチャーと右バッター、左ピッチャーと左バッターのときは外に逃げていくスライダーとインコースのシュート系のボールだ。右ピッチャー対左バッター、左ピッチャー対右バッターのときはインコースに食い込んで来るスライダーだ。コースに決まれば打ってもファウルになる確率が高い。また内に切り込んで来るシュートやシンカーなども打ってもファウルになりやすい。では、どういう配球をしてファウルを打たせ追い込んでいくかを考えてみよう。

右ピッチャー対右バッターの場合を想定すると、まず、初球は外に逃げていくスライダーでファウルを打たせる。一般的にバッターは初球の甘めのストレートを狙っている。初球が変化球だと振ってこない場合が多い。ここは、バッターを見て、初球から振りに来ているかどうかを見

アウトコースいっぱいの変化球でファウルを打たせる

極める観察力が必要なのだ。打ち気満々で振りに来ているなら外のスライダーでファウルを打たせる。そうでないならインコースの緩いストレートでファウルを打たせる。ファウルは、1つカウントを稼げるのだから、結果的にはいい配球ということになる。また、ファウルから得られ情報も多い。相手の狙い球が何だったのか、タイミングが合っていたか合っていなかったか。

インコースのストレートやシュート系のボールでファウルを打たせる

芯で捉えた大きなファウルだったら、バッターにもその感触は残っているはずだ。惜しいと思っているはずだ。今度は同じボールをフェアグランド内に打とうと思っているはずだ。同じタイミングで次のボールを待っていることが多い。その心理を利用していけばいいのだ。タイミングが合っていなかったら、明らかに狙い球と違っていたのだ。バッターの狙い球が分かったはずだ。

ファウルを打たせるための配球の基本は、アウトコースの変化球とインコースのストレートまたはシュート系のボールだ。打ってこないバッターもいるが積極的に振ってくるバッターに対してはファウルを打たせる配球がとても有効なのだ。

バントをしてきたときの配球

バッターがバントの構えをしたら、どう配球するか？　バントをさせたくない場面か、バントをやらせてアウトを一つ稼ぐ場面かを判断することが重要だ。

初回、先頭バッターをフォアボールで歩かせた。守備側としては、ピッチャーを落ち着かせるためにもアウトが一つ欲しい場面だ。こんなケースではバッターにバントをやらせてアウトを一つ取ることを優先することが重要だ。このケースの配球は、ほぼ真ん中付近にストレートを投げれば、ほとんどのバッターはバントをして、ランナーを2塁に進めるはずだ。攻撃側の作戦は成功するが、それでいいのだ。アウトを一つ取ったことでピッチャーは落ち着き冷静になるはずだ。しかし、バントをさせる前に注意しなければいけないのは、本当にバントをしてくるかどうかを見抜くことだ。バントの構えをして、バッテリーに甘い球を投げさせ打ってくる作戦もある。キャッチャーの観察力が必要な場面なのだ。アウトが一つ欲しいときは、難しいボールを要求せずバントをやらせる配球をする。そのうえで、

真ん中付近の甘いストレートでバントをさせる

インコース高めのストレートかアウトコース低めの変化球でバントを失敗をさせる

野手と状況を共有しアウトを一つ取るシフトを敷くのだ。

一方、バントでランナーを進められたくないときがある。バッターは送りバントのときは、ストライクゾーンの高めいっぱいに構え、そこから上は見逃すのが基本だ。低めに来たボールは膝を曲げ、高さを調整し、腕だけで当てにいかないのも基本だ。バッターはピッチャーの投球がアウトコース低めいっぱいに来ると、バットが届かないので腕を伸ばしてバントすることになる。そうすると、何とかバットに当ててもファウルになりやすいのだ。特に右ピッチャーの投球が右バッターのアウトコース低めいっぱいに、それも外に逃げるスライダーなら、バッターはフェアグラウンド内に上手く転がすことが難しく、ファウルでカウントが稼げるのだ。バントをファウルにさせたり空振りさせたりしてカウントを稼ぎたいときはアウトコース低めの変化球が効果的だ。また、バントを失敗させたいときは、インコース高めの力のあるストレートが基本だ。

バッターが構えているバットの高さより少し高いバッターの目の高さに、それも、インコースいっぱいに投げれば、バッターは避けながらバントをすることになる。

バッターはバントをしにいっているうえ、自分に向かって来るので簡単には見逃せず、バットを下から少し上に上げながらバントをするので小フライになりやすい。たとえ転がせても角度がつけられず、ピッチャー正面の強いゴロになりやすいのだ。そうなるとピッチャーが取って先のランナーをアウトに出来る。

右、左どちらのバッターでもアウトコース低めとインコース高めのコンビネーションでバントを失敗させることが出来るのだ。

バントシフトを敷いて、バントをやらせて先のランナーをアウトに取りたいときがある。0アウト1塁、または0アウト2塁、0アウト1、2塁のときだ。0アウト1塁のときは、バッターは1塁側に転がすのが基本だ。

シフトはファーストとサードが前進して来るので、前進してきた野手の前にバントさせる配球

インコース高めの力のあるストレートはフライになりやすい

インコース高めのストレートでバントを失敗させる

だ。このケースではピッチャーがボールになる投球をしたら意味がない。必ずストライクを投げさせるのだ。ただし、ど真ん中だとファーストとサードの真ん中に打球を殺したいいバントをされやすいので、ここはインコースの真ん中を狙うのだ。バッターは、バットを引けず角度も付けられないので正面のゴロになりやすい。ランナー2塁や1、2塁のときも同じだ。インコース真ん中に速いボールを投げてバントをさせるのだ。

0アウトランナー2塁で、バッターにバントを見送らせる、または空振りさせて、2塁ランナーをアウトにしたいときの配球を考えてみよう。ストライクゾーンに来る投球はバント成功の確率が高い。ランナーからはストライクゾーンに見えてもボールゾーンに来る投球ならバッターは見送る確率が高い。ランナーは投球とバッターの

インコースの真ん中付近をバントさせる

バントシフトを敷いたときは、必ずストライクをインコース真ん中に投げさせる

動きを見て、リードを大きくしたり、スタートを切ったりする。バッターがバントをしようとしてぎりぎりでバットを引くと、第二リードから3塁に向かって一瞬スタートを切るので2塁ベースに戻れないのだ。高さは真ん中でストライクゾーンからボールゾーンに逃げていくスライダーならバッターはぎりぎりまでバントをしようとして見送るのだ。見送らないでバントをしようとすると空振りの確率も高くなる。そうすると2塁ランナーは飛び出す確率が高く、キャッチャーから2塁に送球して2塁ランナーをアウトにすることが出来るのだ。また、高さは真ん中でアウトコースにボール2個分外れているストレートでも同じ効果的が期待出来る。

高さは真ん中でストライクからボールになるスライダーで見送らせる

ゴロになりやすいコースと球種

内野ゴロを打たせたいときがある。それはゲッツーを取りたいときと3塁にランナーがいるときの前進守備で1点も取られたくないときだ。

どんなボールが来ればバッターはゴロを打ってくれるのか？　単純に考えて、低めは上から叩くことになるのでゴロになりやすい。また、詰まれば飛ばないので力のないゴロになりやすい。その他、ゴロになるときはバッターがボールの芯から少し上を打つからだ。

どんなボールを投げたら、バッターにボールの芯から少し上を打たせられるか？　それは、バッターがストレートだと思って打ってくる変化球だ。バッターの手元でちょっとだけ曲がるツー

詰まればゴロになりやすい

低めに投げればゴロになりやすい

シームやカットボールは、打ち損じて内野ゴロになる確率が高いのだ。逆に変化球や遅いボールを待っているバッターなら、ストレートをインコースに投げ込めば内野ゴロになる確率が高くなる。

自然体で待っているバッターにはシュート系の速いボールで詰まらせるとゴロになる確率が高い。また、低めに落ちて来る縦のカーブやチェンジアップなども打って来ればゴロになりやすい。打ち気満々のバッターにはアウトコースのスライダーを打たせれば、泳いで三遊間に引っ張った力のない内野ゴロになることが多い。

レベルの高いバッテリーは、出来るだけゴロを打たせようと配球を考えている。それは、フライで打ち取る配球は一歩間違えば、ヒットや長打になりやすいという事を知っているからだ。

バッテリーは初球からがんがん振ってくるバッ

ストレート待ちのバッターはアウトコーススライダーを打たせればゴロになりやすい

ターは、怖さがあり打たれそうな感覚になる。特にピッチャーは、バッターが自分のタイミングでスイングしているかどうかが分かるのだ。なので、出来るだけタイミングを外してゴロを打たせたいのだ。

バッターは小さいころからゴロを打て！　と教えられている選手がほとんどだ。ピッチャーが低めに投げてゴロを打ってほしいときに、バッターもゴロを打とうとする。バッテリーとしてこんなにありがたいことはない。バッテリーの思うつぼなのだ。動くボールを真ん中から下に集めればゴロを打ってくれるのだ。

しかし、バッテリーはバッターに内野手の間を抜けていくような強いゴロは打たせたくない。バットの芯を外したバッティングをさせたいのだ。その基本はアウトコースやインコースの低めにボールを集めることなのだ。

シュート系のボールはゴロになりやすい

フライになりやすいコースと球種

バッターが、どんなバッティングをするとフライになるか？　それはボールの芯から少し下を打ったときだ。外野の頭を越えるような打球を打つためにはボールの芯ではなく、ボールの芯から少しだけ下を打つと角度の付いたライナーとなって飛んでいく。しかし、ボールの芯から大きくずれた下を打つと、前ではなく上への力となってフライになる。また、アッパースイングで、ボールを下から打ってもフライになる。

アッパースイングによるフライは打球に伸びがなく長打やホームランになることは少ないが、高く上がったフライは長打やホームランと紙一重なのだ。打球に伸びを与えるには、ボールに回転

ボールの下を打たせるとフライになる

を与える必要がある。ボールの芯の少しだけ下を強く叩きボールに回転を与えると打球はどこまでも飛んでいく。バッテリーはバッターにそんなバッティングをさせたくないのだ。ボールの芯のもっと下を打たせ平凡なフライを打たせたいのだ。各回の先頭バッターが初球を打ってポップフライを上げてくれると、こんなにありがたいことはない。ポップフライ、それは、力負けしたフライだ。ボールの勢いに押され、かつボールの芯より下にバットが入ったものがポップフライになるのだ。

どんなときにフライを打たせたいか？　それは走者がいないときだ。各回の3人のバッターが3人とも早いカウントでフライを打ち上げてくれたら、守備側としてはエラーのリスクも少なく楽なのだ。ではどんなコースに投球すればフライになりやすいか？　それは高めだ。高めは下か

各回の先頭打者にポップフライを打たせる

らバットを出すことになるのでフライになりやすい。ただし、高めは一歩間違えば長打にもなりやすいのだ。

なるべくゴロを打たせないでフライを打たせたいときは、高めの速いボールで攻めるのが基本だ。また、バッターがボールの下を打つように配球を考えるのだ。ストレートと縦の変化球を効果的に使うとバッターはフライを上げやすくなる。インコース高めにストレートを投げてから、アウトコース低めに変化球を投げると、バッターは泳いで上体だけのバッティングになり、内野への小フライになりやすいのだ。逆にアウトコースの変化球を見せてから高めにストレートを投げると、これもフライになりやすいのだ。回転数の多い伸びのあるストレートを投げられるピッチャーなら、ボールの芯の下を打たせるケースが増えフライアウトが多くなる。

フライを打たせたいときは高めの速いボールで攻める

また、遅いボールほど山なりに落ちてくるのでバッターは、ボールの軌道に重なるように下から上にバットを振るのでフライになりやすい。
球種で考えるとストレートはフライ率が高く、

高めはフライになりやすい

シュートやスライダーなど動くボールまたはフォークボールやチェンジアップなどの落ちるボールはゴロ率が高くなる。ストレートのフライ率の高さが動く球種や落ちる球種に比べると長打になりやすい原因の一つなのだ。

バッターがバントをするとき、どんなコースと球種がやりやすいかを考えてみると分かりやすい。バントは転がすことが基本だ。転がしやすいのは真ん中から低めのボールだ。高めはバントしにくくフライになりやすい。また、横に変化するスライダーなどの球種もバントしやすい。特に右バッターの外に変化するスライダーは、バッターが腕を伸ばしたところにボールが来るので一塁方向に転がしやすいのだ。バッティングもバントと同じなのだ。低めや横に変化する変化球はゴロになりやすく、高めはフライになりやすいのだ。

盗塁阻止やスクイズを外すときのコースと球種

　ランナーがいるとき、ピッチャーがウエストしキャッチャーが捕球後すぐに送球出来る態勢をとれるコースと球種を考えてみよう。目的は、盗塁、ヒットエンドラン、スクイズなどを阻止するためだ。アマチュア規定で、スクイズを防ぐ目的でバッターの背後にウエストボールを投げることは危険なので禁じられている。では、どこに投げさせて外すか？　キャッチャーが最も捕りやすく送球しやすいのはアウトコース高めのボール球だ。完全にスクイズを見破ったり、盗塁のサインが出ているのが分かっていたりすれば、アウトコース高めのボールになるストレートを投げさせるのが一番いい。ただし、中途半端だとバットに当てられてしまう。特に、スクイズと分

外すときはアウトコース高めのボール球

かっているなら思い切って遠くへ外すことが重要だ。また、バッターにとって最もスクイズしにくいのは、ワンバウンドの投球だ。バッテリーで練習しておくといざというときに役に立つ。

ウエストボールを投げるときピッチャーは、クイックで投げるのが基本だ。盗塁のときはもちろんだがスクイズのケースでもバッターが構え遅れて、スクイズバントを失敗する可能性が高くなる。また、なんとか転がされても3塁ランナーのスタートが遅れ、ホームでアウトを取れる確率が高くなるのだ。スクイズしてきそうだが、してくるかどうか分からないときは、思い切ってインコース高めのストレート、またはアウトコース低めの変化球が基本だ。

スクイズと分かっていれば遠くに外す

初球ストライクの取り方

初球にストライクを取ったときの結果を集計してみた。今回は中学硬式野球チーム、千葉西リトルシニアの公式戦の記録1年間分を集計してみた。初球でストライクをとった後の被打率を集計すると1割8分9厘だった。一方、初球がボールだったときの被打率は2割6分3厘と実に7分4厘も違い、初球にストライクを取ると、その後打たれにくくなっているのだ。出塁率や与四球率など、その他の数字でも初球にストライクを取ると、その後の結果が良くなっているのだ。それは、ピッチャーがボールカウントで有利になるだけではなく、ピッチャー心理、バッター心理からも、バッターは追い込まれ、ピッチャーは優位になり余裕が生まれるからだ。初球でストライクを取れるかどうかが、その後の投球に大きく影響していることが分かる。

初球の入り方は様々だが、一番無難なのはアウトコース低めのストレートでストライクを取ることだ。ストレートならコントロールもしやすいはずだ。また、バッターは基本的には甘いコースのストレート狙いなので初球に変化球なら、割と簡単にストライクが取れる。スローカーブならほとんどのバッターが振ってこない。ボールからストライクになるフロントドアや右ピッチャーが左バッターに投げるボールゾーンからストライクゾーンに入って来るスライダーでも見逃すケースが多い。それにバッターが苦手にしているコースや球種、狙い球と違う球種なら打ってこないはずだ。

積極的に振ってくるバッターに対してはファウルを打たせるのも効果的だ。ファウルの打たせ方は先にも述べたので参考にしていただきたい。

ランナーがいる場面でも初球にストライクを取ると、相手チームは盗塁、ヒットエンドランなどの作戦が使いにくくなるのだ。そのため、ランナーがいる場面でも初球にストライクを取ることがたいへん重要だということが分かるはずだ。メジャーでも活躍した元広島カープの黒田投手も初球にストライクを取ることがとても重要と考えていた。初球から四隅を狙わないで、初球は左右か上下の2分割したどちらかのストライクゾーンに投げる。1ストライクを取ったら、ストライクゾーンを4分割して狙ったところに投げる。2ストライクと追い込んでから、はじめてストライクゾーンを9分割して狙ったところに投げる。その方がストライクが取りやすい。とにかくストライクを取ることでバッターを追い込み、バッターより精神的に優位に立って勝負をする方が抑えられると言っている。

ストライクを取ることを優先する。ベルトより低く投げコースにはこだわらないくらいでいい

ストライク先行で打たせて打ち取る配球

三振を取るよりも、早いカウントで打たせて打ち取るピッチングの方が野手は守りやすくリズムも出てくる。ストライク先行で、どんどん追い込めばバッターは最初から打ってくるようになる。

バッターのタイミングや狙い球を外して空振りを取るのではなく、バットの芯ではないところに当てさせるのだ。ボールが先行するとバッター有利になるので、バッターも余裕を持って球種やコースを見極めることが出来る。ストライクを先行させることが重要なのだ。早いカウントで打たせて打ち取るには、キャッチャーの巧みなリードが必要なのだ。バッターを観察してグリップの位置やスタンス等を見て、またスイングや見逃しからどのような球種を待っているかを見分けるのだ。ストライクを先行させていけばバッターは厳しいコースでも打ってくるようになる。

とにかく初球にストライクを取ることだ。1球で凡打が最高だが、見逃しでも、空振りでも、ファウルを打たせてもいい。とにかくストライク先行こそが、バッターを打ち取る最も有効な手段なのだ。キャッチャーがバッターを恐れて逃げているとピッチャーにもその気持ちが伝わる。また、ピッチャーがバッターを怖がっていると勝負にならない。その弱さはバッターにも伝わるのだ。バッテリーは強い気持ちを持つことが重要だ。

三振を取るには最低3球の投球が必要だが、打たせれば1球で終わる。ピッチャーは投球数が多くなると疲れてきて握力が無くなり球威も落ちコントロールも悪くなるのが一般的だ。なるべく球数を減らして打ち取る方がいいのだ。

また、三振を取るよりフライや内野ゴロを打たせた方が野手もリズムが出来てエラーしにくくなる。特にランナーがいる場面でボールが先行すると、守りづらく、攻撃側は様々な攻撃が仕掛けられるので攻撃有利になる。ストライクが先行すると攻撃側は作戦が使いにくくなくなるので投げやすく、守りやすくなる。

早いカウントで打ち取る配球は、バッターの得意なコース付近に動くボールを使う配球だ。バッターの得意なコースが分からないときは、真ん中付近に動くボールを投げてバットの芯を外すのだ。初球はバッターの得意なコースまたは真ん中付近にスライダーやカットボールを投げる。初球で打ち取れず1ストライクになったら、次は厳しいコースに同じ球種を使う。バッターは追い込まれたくないから打ってくるはずだ。コースに決まれば簡単に打ち取れるのだ。

初球と同じ球種を厳しいコースに投げる

盗塁を恐れてストレート中心になってはいけない

ランナー1塁のときのキャッチャーは盗塁をいちばん警戒している。簡単に盗塁をされたくないのだ。盗塁されるのはキャッチャーの責任だと思っているからだ。このケースの捕手の配球は、アウトコースのストレート中心の配球になりがちだ。アウトコースのストレートだとランナーが盗塁をしてきたときに、早く捕球出来、早く送球出来るのでセカンドでアウトが取りやすい。バッターはそれを知っていてアウトコースのストレートを狙ってくる。単純にストレートを投げると痛打される確率が高くなる。

キャッチャーは、初球にアウトコースのストレートを要求しがちなのだ。ストライクを取りたい、そのうえでランナーにも走られたくない。そん

ランナーが走ってこないと判断したら初球を変化球でストライクを取る

な思惑でアウトコースのストレートを投げさせるのだ。ここでキャッチャーは、自分よがりの配球にならないようにすべきなのだ。ランナーが初球に走ってこないと判断したら、初球に変化球でストライクを取るのがベストだ。バッターも変化球を想定していないので、比較的簡単にストライクが取れる。ストライクが先行すればいつでも外せるし、バッターもストレート一本には絞れない。2球目以降をバッテリー有利に配球出来るのだ。キャッチャーは走者が走ってくるタイミングを見極めることも重要だ。バッターを打ち取ることを最優先することが重要だが、そのうえで、簡単に盗塁されてもいけないのだ。走ってくると判断したらアウトコースのストレートで外し、ランナーをアウトにする配球が出来ることも重要なポイントだ。

走ってくると判断したら、外してランナーをアウトにする

配球のパターンを5、6種類用意し使い分ける

ピッチングの基本は低めにボールを集めることだ。低めは打ってもゴロになりやすく、長打になりにくい。低め中心の配球パターンを用意することが重要だ。配球はコース、高低、球種、急速に変化をつけてバッターに自分のスイングをさせないことが重要で、いくら球速があってもストレートばかりではバッターは対応出来てくる。また、緩急を使っても、いつも同じパターンで配球すると簡単に配球を読まれて、打たれてしまう。そのために、コース、高低、緩急を使った5～6種類の配球パターンを用意する必要がある。

まず、ボールを散らす配球を考えよう。コースや高低に変化を付ける配球だ。

一つ目は、インコースのストレートでカウント

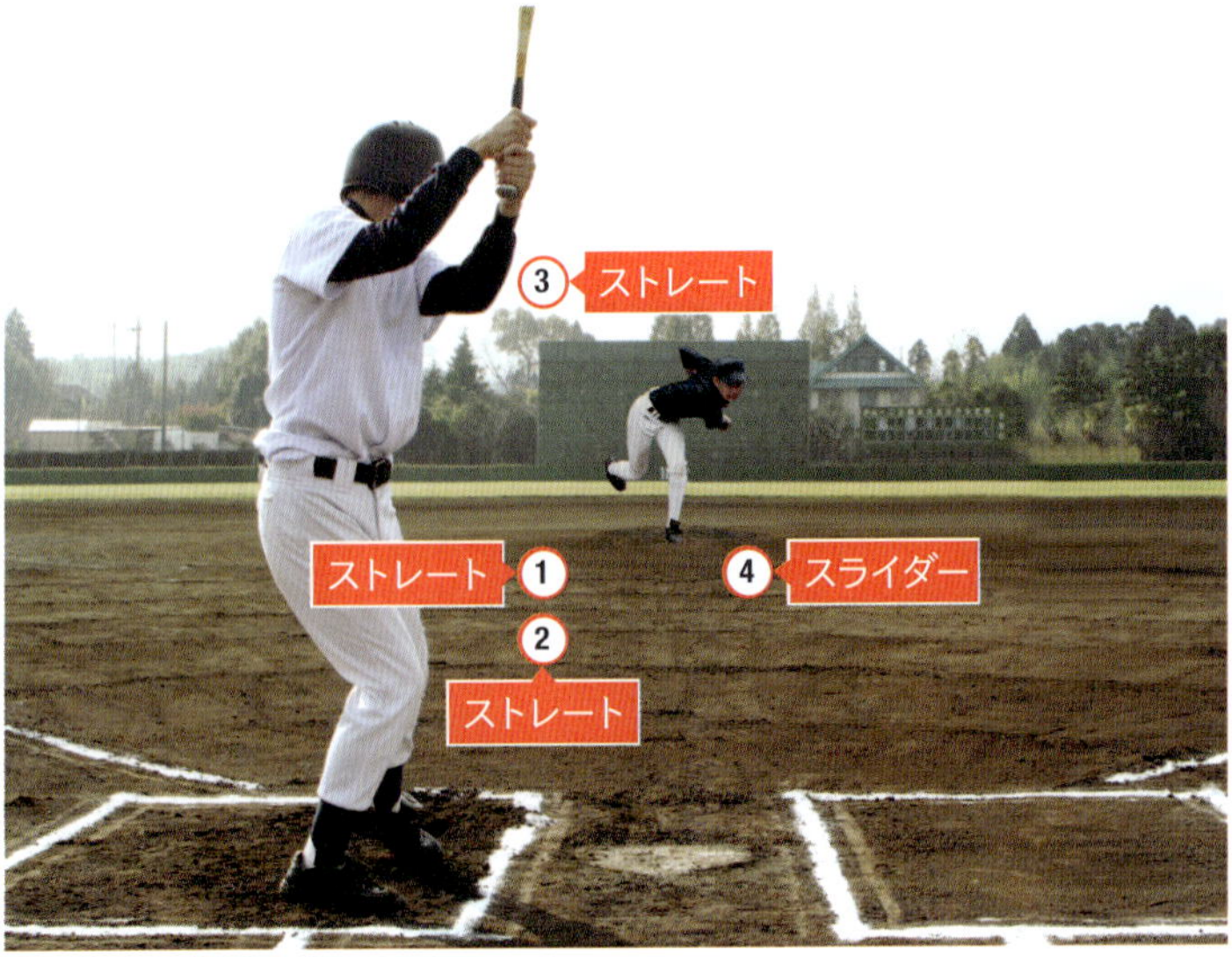

インコースのストレートでカウントを稼ぎアウトコースの変化球で勝負

を稼ぎアウトコースの変化球で勝負する配球だ。インコースのストレートでファウルを打たせ、または見送らせ、2ストライクと追い込んだらインコース高めのストレートで仰け反らせ、アウトコースの変化球で勝負するのだ。この場合、インコースを相当意識させているので、アウトコース低めのストレートでも効果的だ。

二つ目は、アウトコース低めのストレートと変化球でカウントを稼ぎ、インコースのストレートで勝負する配球だ。アウトコース中心で攻め2ストライク1ボール、または2ストライク2ボールになったらインコースのストレートで勝負する配球だ。このケースではバッターはアウトコースを意識しているので、インコースのボールからストライクになる変化球でも効果的。

三つ目は、低めでカウントを稼ぎ、高めのストレートで勝負する配球だ。アウトコース低めの

低めでカウントを稼ぎ高めのストレートで勝負。振ってこなかったら低めの落ちる球で勝負

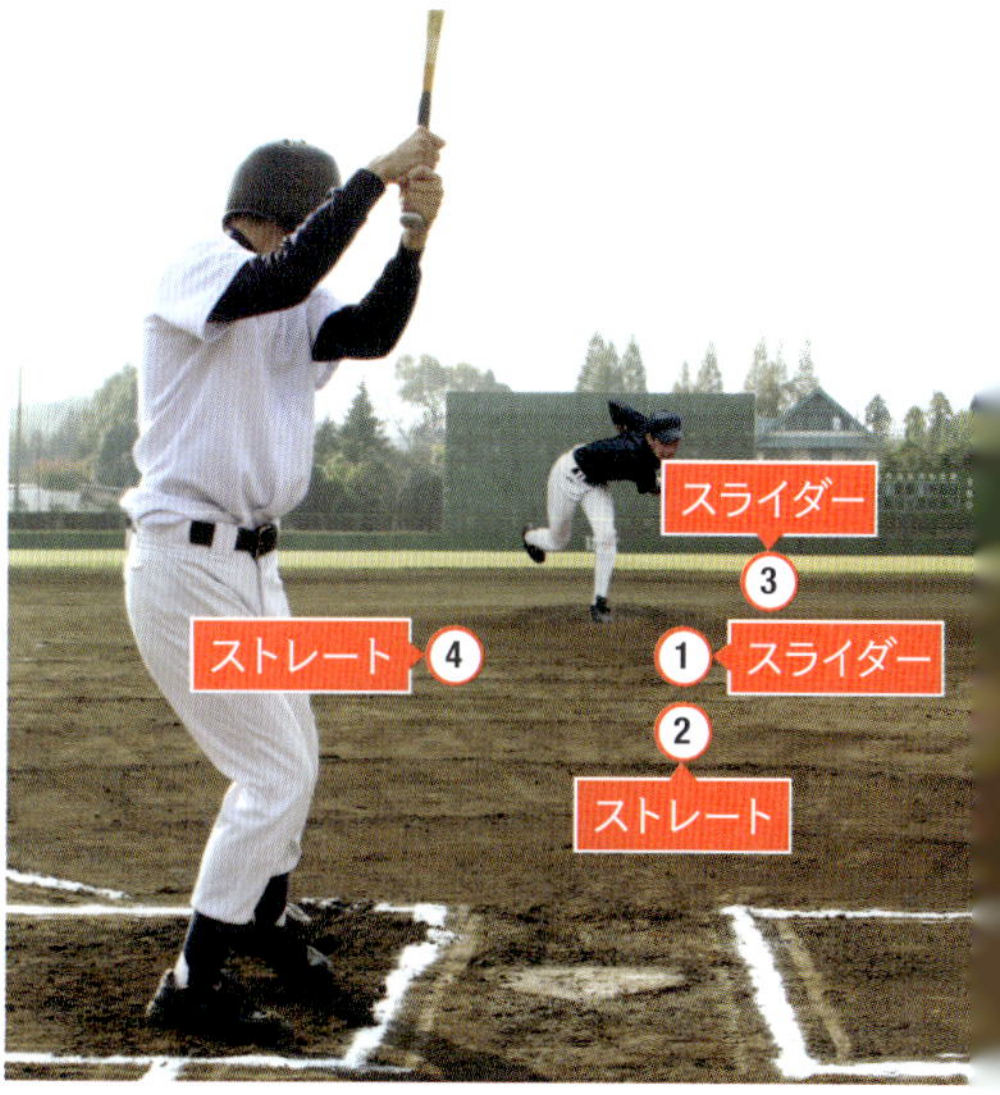

アウトコース低めのストレートと変化球でカウントを稼ぎインコースのストレートで勝負

ストレートと変化球で追い込んで、高めのボール球を振らせるのだ。バッターが振ってこなかったら、高めを見せたので次の低めが生きてくる。

四つ目は、変化球で追い込んでストレートで勝負する配球だ。2ストライク1ボールか2ストライク2ボールまでは変化球だけで追い込み、最後はアウトコース低めのストレートで勝負するのだ。このケースはインコースのストレートでも効果的。

五つ目は、四つ目の逆でストレートで追い込んで変化球で勝負する配球だ。

六つ目は、四隅の対角を使って同じ球種を続けない配球だ。同じコース、同じ球種を続けないのだ。この配球も効果的に使うとバッターを翻弄出来る。打たれる配球と打たれない配球を考えると、打たれない配球は、低め中心の配球、コースを散らす配球、緩急を付ける配球、ボールゾーンを効果的に使う配球、同じ球種を

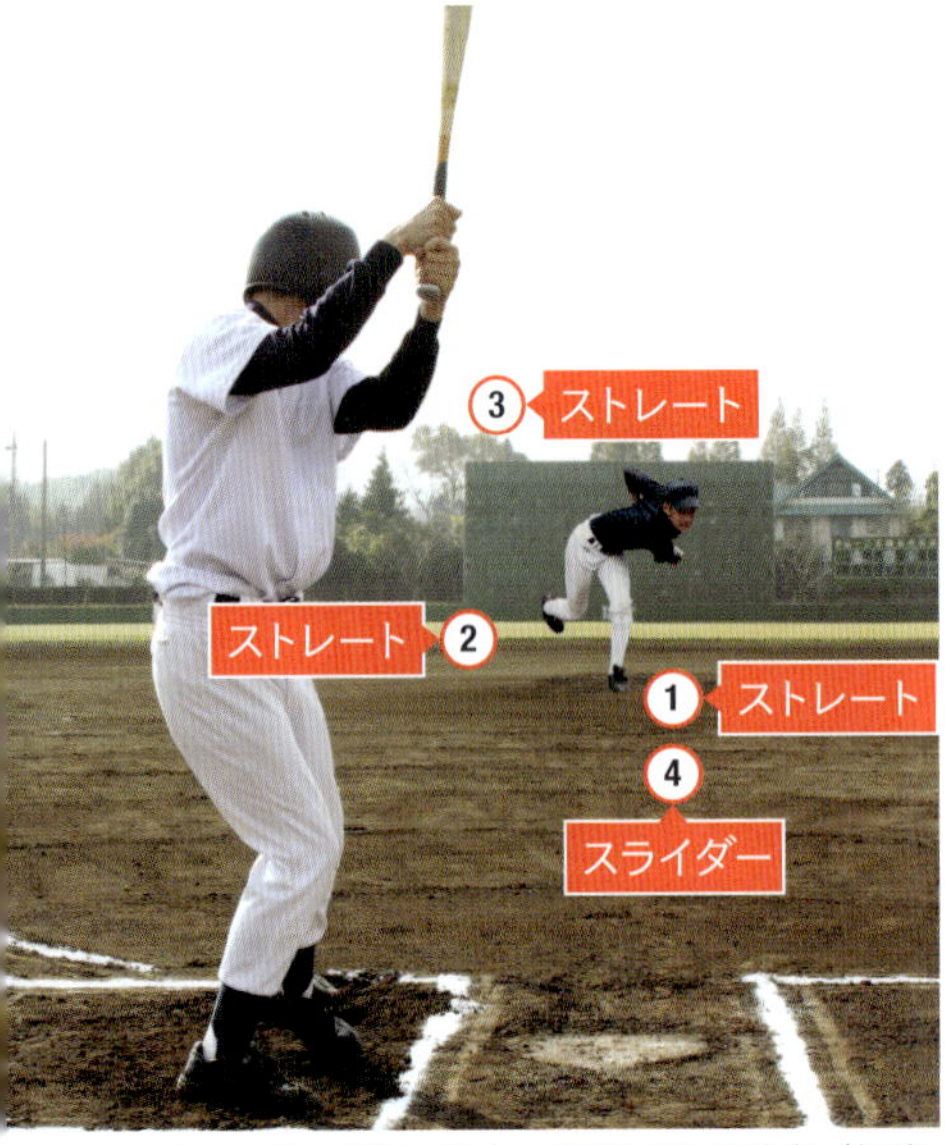

ストレートで追い込んで変化球で勝負（緩急をつける）

変化球で追い込んでストレートで勝負（緩急をつける）

続けない配球だろう。

打たれる配球は、初球に真ん中付近のストレートを使う配球、同じ球種を同じコースに使う配球、追い込んだ後に真ん中付近の甘いボールを使う配球、同じパターンを続ける配球だろう。そこでポイントとしては、初球の入り方、1ストライク1ボールのとき、1ストライク2ボールのとき、1ストライク3ボールのとき、2ストライク1ボールのとき、2ストライク2ボールのとき、2ストライク3ボールのときの配球だ。それぞれのボールカウントで配球の癖が出やすいのだ。例えば、初球はストレート、1ストライク2ボールになったらスライダー、1ストライク3ボールはストレート、2ストライク1ボールはフォークボールなどだ。ボールカウントによって球種やコースが偏る配球をするキャッチャーがいる。配球は1パターンにならないことが重要なのだ。

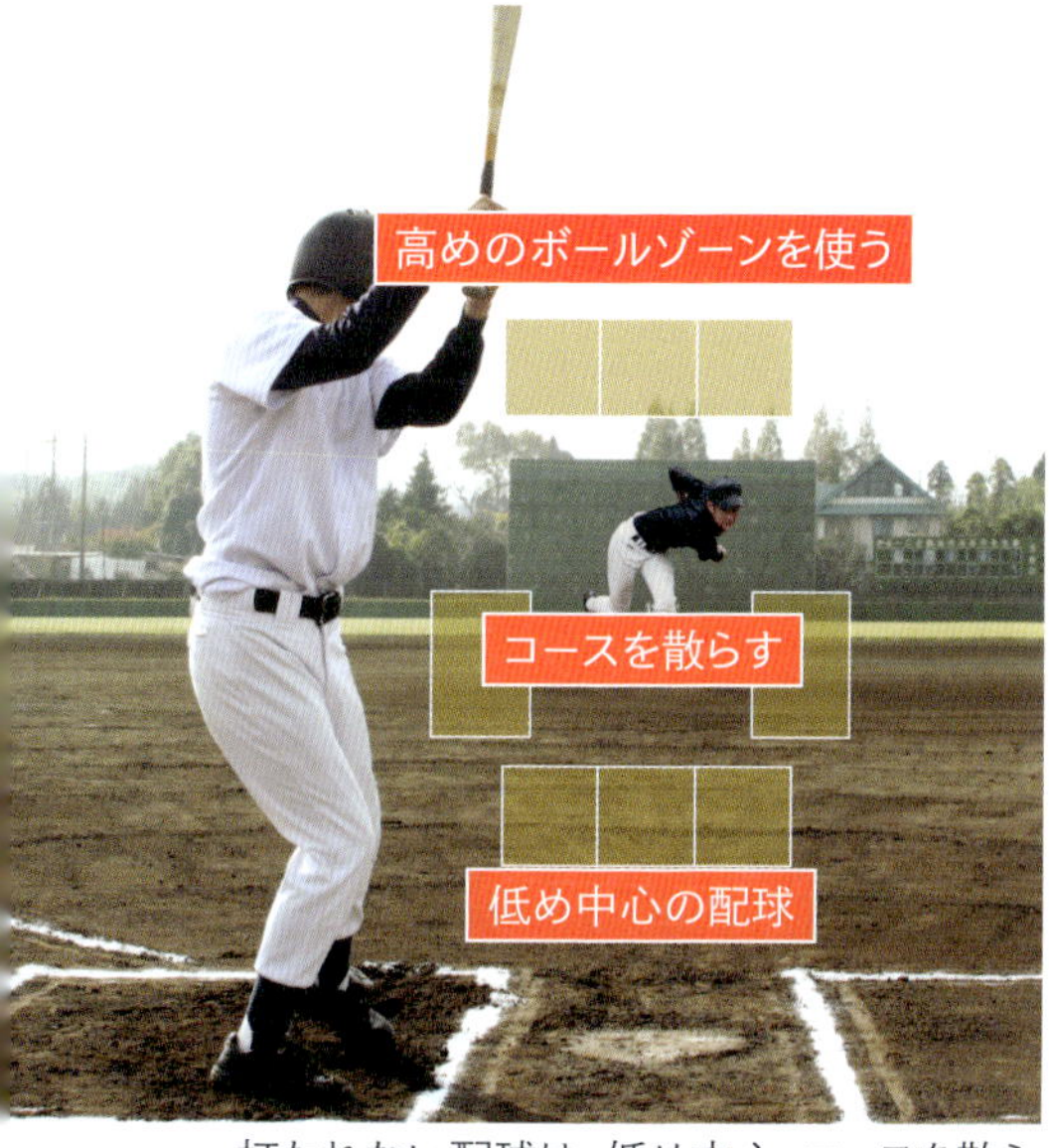

打たれない配球は、低め中心、コースを散らす、ボールゾーンを使う、同じ球種を続けない

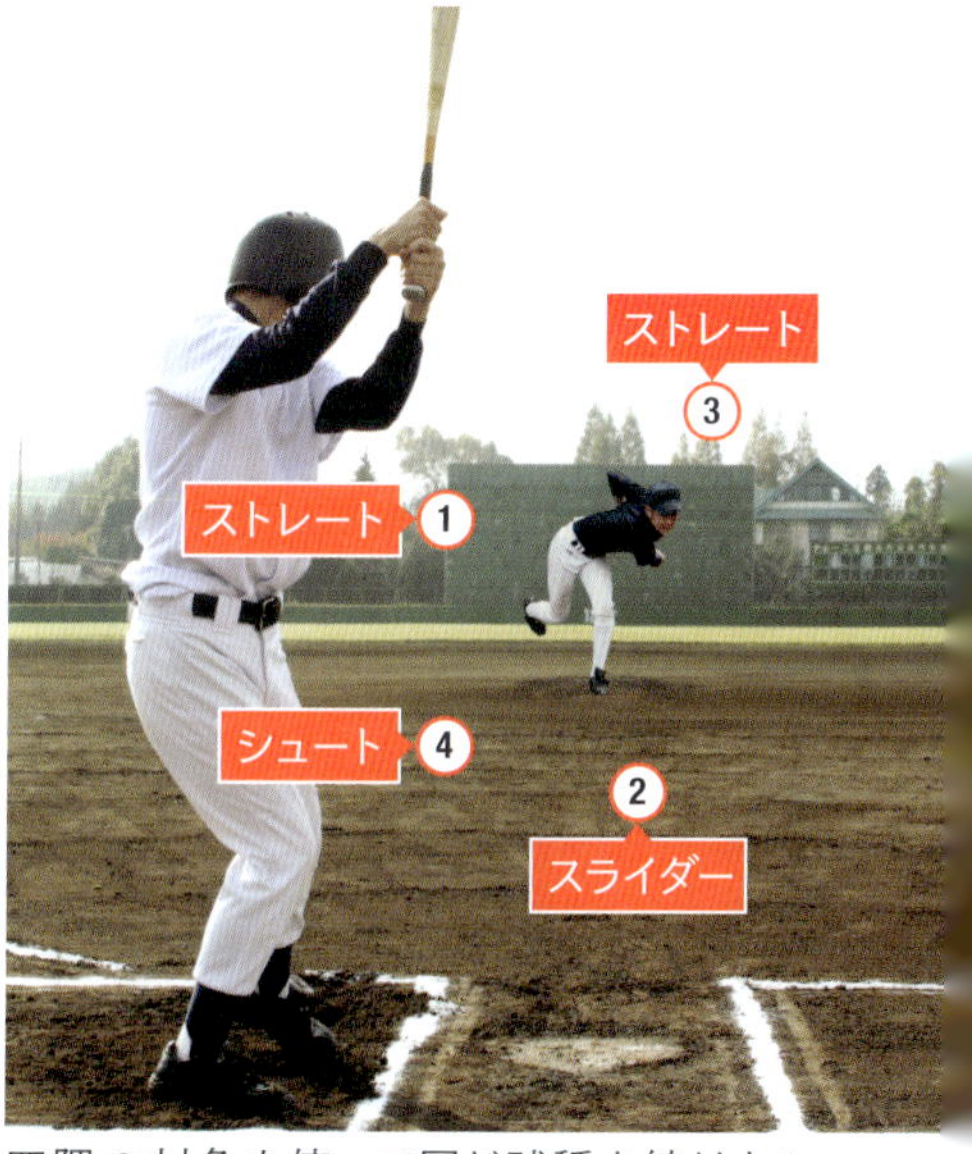

四隅の対角を使って同じ球種を続けない配球

根拠のあるリードをする

勝負どころで出すサインがアウトコース低め一辺倒になるキャッチャーがいる。そんなキャッチャーはバッターのインコースを攻める勇気がないのだ。キャッチャーはどんな考えでその配球をするかが重要なのだ。

バッターをどう打ち取りたいかを決めたら、どのパターンの配球を使ってどう打ち取るかを意図することが重要なのだ。バッターは追い込まれれば打率が落ちる。それは不利なカウントになれば厳しいボールにも手を出さないといけないからだ。逆にバッティングカウントになれば打率が高くなる。バッターのバッティングカウントでは、バッテリーはストライクが欲しいので甘いコースになりがちだからだ。

バッテリーは、カウントを有利にして攻めたいのでストライクを先行させるのが配球の基本だ。初球から厳しいコースを要求するとボールになる可能性が高い。ストライクを先行させたいので初球はストライクが取りやすい球種でコースぎりぎりを狙わないのも基本だ。カウントを整えながら徐々に厳しいコースを攻めていくのだ。

バッターを打ち取るまでに、ストライクを取るボール、ボールにするボール、決め球を考えながらカウントを作ることが重要なのだ。例えば、決め球にアウトコース低めのスライダーを選択するなら、その前の1球はインコース高めのストレートを見せることだ。この1球を見せることでバッターの感覚を狂わせ、次の決め球が生きてくるのだ。

このバッターは三振に取りたい、内野ゴロを打たせてゲッツーに取りたい、などと考えたときにどのコースにどんな球種を要求するかが配球の根拠なのだ。配球はピッチャーのタイプ、試合の状況、相手のバッターによって様々な考え方がある。配球に正解はないといわれているが、キャッチャーは自分の考えを持って根拠あるリードをすることが重要なのだ。

困ったときはアウトコース低めのストレートを要求するのが基本といわれているが、それは根拠あるリードではない。キャッチャーは困ったとき、投げさせるボールがないと思ったときでも、それまでの投球を考えれば、より打たれないコースと球種が判断できるはずだ。その結果アウトコース低めのストレートを選択するならいい配球と言える。リードに根拠を持ち、自信を待つことが重要なのだ。

ボールにするボール

ストライクを取るボール

次のバッター、次の回の打順、試合後半は最終回までの打順を考えて配球する

キャッチャーは、それぞれの回をどうやって最少得点で切り抜けられるかを考えながら配球している。一般的には、クリーンナップの前に走者をためないよう必死に考えながら配球を組み立てている。また、スコアリングポジションに走者を置いた場合は、得点を許さないためにどうすればいいかを考えているのだ。例えば、僅差の2アウト2塁のとき、打席に入ったバッターと次のバッターのどちらが打ち取りやすいかを判断し、場合によっては打席に入ったバッターとの勝負を避ける配球をしているはずだ。打席に入ったバッターと次のバッターとでは、どちらが打ち取りやすいかを判断することはとても重

最終回の前の回を何番バッターで終わらせるかが重要

要なことなのだ。

一般的にどのチームも、一番から始まる打順がいちばん得点が取れるように並べているのだ。一、二番が出塁して三、四、五番で還す。下位打線でチャンスを作り上位打線に回す。攻撃側が下位打線を出塁させないことはもちろんだが、下位打線でチャンスを作らせないことがとても重要なのだ。また、次の回を一番から始まる攻撃にさせないことも考えておくべきなのだ。例えば、2アウトランナーなしの場面で八番バッターにフォアボールを出して九番まで打順を回してはいけないのだ。それは、次の回を考えたら一番から始まるより九番から始まった方が、先頭バッターを打ち取りやすいからだ。

中学野球など7回戦のときは5、6、7回、高校野球など9回戦のときは7、8、9回の9つのアウトをどう取っていくかをトータルで考えながら配球をしていくのだ。ポイントになるのは7回戦なら6回、9回戦なら8回だ。最終回の前の回を何番バッターで終わらせるかが重要なのだ。もちろん、それぞれの回を無得点で終わらせるために最善の策を立てる必要があるが、守りやすいからといって下位打線でも塁をうめて勝負すると、たとえその回は無得点に抑えられても次の回に上位打線に繋がりピンチを招くことになりかねない。また、最終回の前の回を3人で抑えれば、最終回は下位打線という状況なら、必死にその回を3人で抑えるのだ。いちばんいけないのはフォアボールで打順を回すことだ。逆にピンチで上位打線なら勝負を避け、より打ち取りやすいバッターと勝負する。そして最終回は下位打線からという展開にするのだ。

球審の特徴（ストライクゾーン）をいち早くつかみリードに生かす

野球にはルール上のストライクゾーンと球審のストライクゾーンが存在する。これは必ずしも一致しているわけではない。また、バッター一人ひとりも自分のストライクゾーンを持っている。バッテリーもバッターもそれをいち早く見抜き、配球や攻撃に生かすことが重要なのだ。

球審は人間だ、ルール上のストライクゾーンどおりに正確に判定することはできない。特にアマチュア野球ではルール上のストライクゾーンに正確でないことが多い。高低に甘いとか左右のコースに甘いとか、人によってストライクゾーンが大きく違うことがある。特に、中学野球や高校野球ではアウトコースに甘い球審が多いように思う。甘いコースが分かれば、バッテリーはそこを利用して配球に生かす対応力が必要なのだ。

バッターは追い込まれたら球審が甘く取るコースについては、いつもよりストライクゾーンをボール2個分くらい大きく広げて待たなくてはいけなくなる。大事なことはバッテリーもバッターも球審に嫌われてはいけないのだ。判定に不満があっても、態度に出してはいけない。球審がストライクと判定したらストライクでボールと判定したらボールなのだ。決してクレームを付けてはいけない。アマチュア野球における審判の権威は絶対的で不満をもらすことは非スポーツマン的な行為として絶対に許されないのだ。どんなストライクやボールの判定でも受け入れ、自分の思いと違ってもバッターもバッテリーもその判定を引きずらないことが重要だ。

審判も人間なのだ、必ずミスジャッジは起きる。それも含めて野球だということを理解して配球することがとても重要なことだ。

例えば、アウトコースが広いと感じたらどのくらい広いか確かめるのだ。確かめたらそのストライクゾーンをどう生かすか考えるのだ。アウトコースが広いからといってそこだけを攻めるのは愚の骨頂だ。そこを使いながらインコースでカウントを稼ぎ、最後はそこを使う配球がベストなのだ。また、バッターもアウトコースが広いと感じたら、バッテリーは必ずそこを攻めてくると考えることが重要だ。追い込まれてそこにきたら、打てなくても少なくともファウルにするくらいの準備をしておくことが重要だ。

球審のストライクゾーンを早く見抜く

第2章
バッテリーとバッターの考え方

日立ソ
ンズ

バッター心理とバッテリー心理

ボールカウントは12種類あり、ボールカウントの意味を的確に知ることが重要だ。ピッチャー有利かバッター有利か、それとも互角なのか、それによって考え方も変わってくるのだ。また、そのボールカウントまで持ってくるまでに使った球種やコースにも大きな意味がある。

一般的にピッチャーとバッターとで、どちらが有利かをカウント別に見ていくと次のようになる。

ボールカウント別にバッター心理とバッテリー心理を比較していくと、面白いものが見えてくる。バッターとバッテリーでは精神的に有利に立った方が勝つ確率が高いことが分かってくる。ここでは、相手の心理状態を理解し、どうすれば打てるか、どうすれば抑えられるかを考えて

球種判定		心理状態
ストライク	ボール	
初球		互角
0	1	バッター有利
0	2	バッター有利
0	3	圧倒的にバッター有利
1	0	ピッチャー有利
1	1	互角
1	2	バッター有利（バッティングチャンス）
1	3	バッター有利（バッティングチャンス）
2	0	圧倒的にピッチャー有利
2	1	ピッチャー有利
2	2	ややピッチャー有利
2	3	ややバッター有利

みる。バッテリーにもバッターにもいえることだが、相手のピッチャーのタイプ、バッターのタイプ、試合の回数、得点差、アウトカウントなどの試合展開によって、考え方は大きく違ってくるのだ。

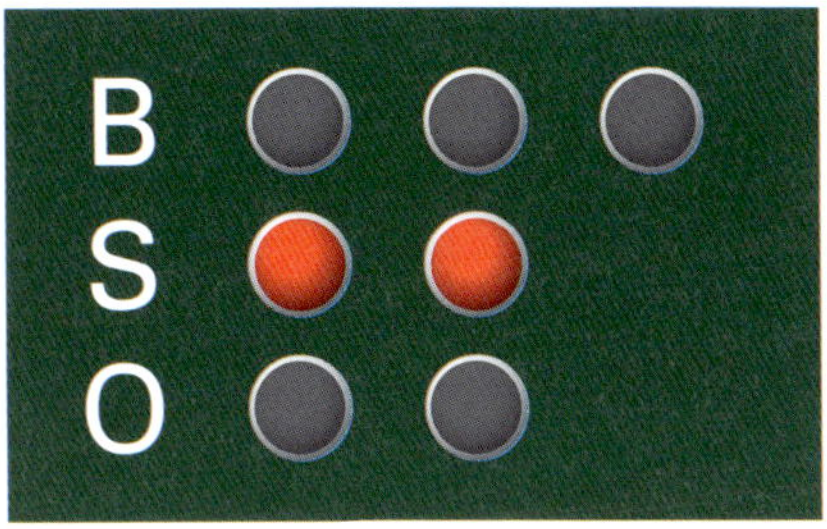

2ストライクからの考え方

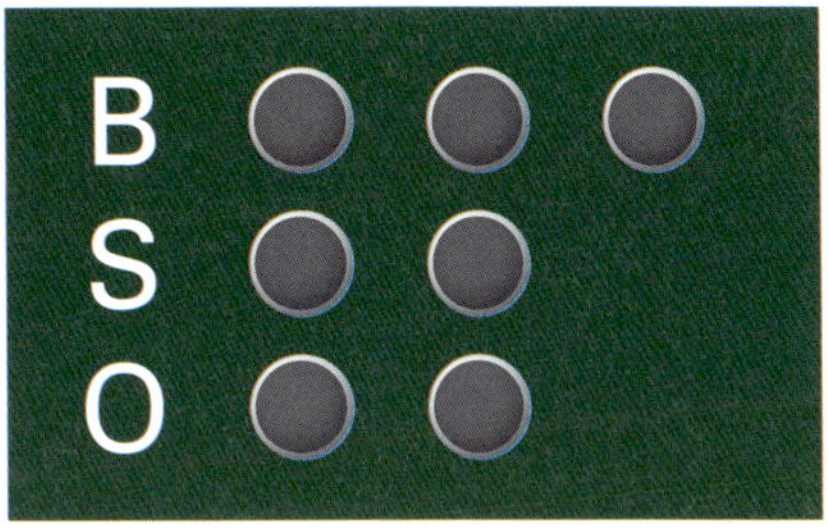

初球の考え方

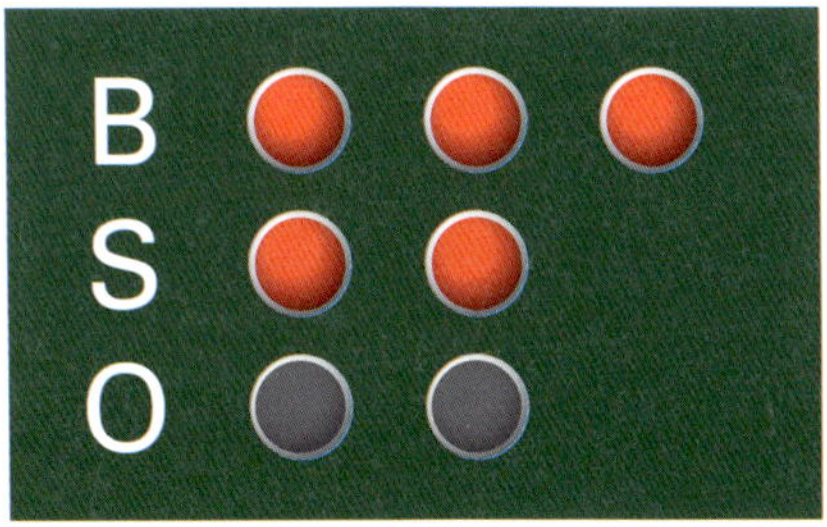

3ボール2ストライクからの考え方

2ボール1ストライクからの考え方

バッテリーの初球の考え方

試合の状況やバッターによって初球はボールから入ることも大切な場面はあるが、基本はストライクから入ることだ。ストライクの取り方は、見逃し、空振り、ファウルの3種類あるが、この要素を考え、どうストライクを取るかを考えて配球すべきなのだ。

初球は必ず見逃すというバッターのデータがあれば、最もストライクが取りやすい球種で必ずストライクを取ることが重要だ。また、序盤は待球作戦でくるチームもある。そんなチームのときはどんどんストライクを取っていけばいいのだ。

一般的にバッターは甘めのストレート狙いが多い。初球から難しい球や変化球には手を出して

初球はストライクを取る。ストライクゾーンの高低を2分割してどちらかのストライクゾーンでストライクを取る

初球はストライクを取る。ストライクゾーンの左右を2分割してどちらかのストライクゾーンでストライクを取る

こないのだ。初球に変化球を使うと見逃しのストライクを取れる可能性が高い。キャッチャーは、このことをしっかり頭に入れておくべきだ。

また、見逃しのストライクが取れる別の方法は、バッターの狙い球と違う球種を使うことだ。例えば、バッターの動作や前打席の結果から変化球狙いのバッターに対して、ストレートで入っていけば見逃しのストライクが取れる。また、厳しいコースに来れば、ほとんど手を出してこないのだ。初球から難しいボールを打つよりも、もっと甘めのヒットになりやすいボールを打ちたいからだ。

積極的に打ってくるバッターに対しては最初から勝負球を使うことも配球の一つだ。また、ストライクゾーンでまともに勝負するよりも、ストライクゾーンからボールゾーンに逃げて行く変化球で空振りさせる配球も有効だ。特に長

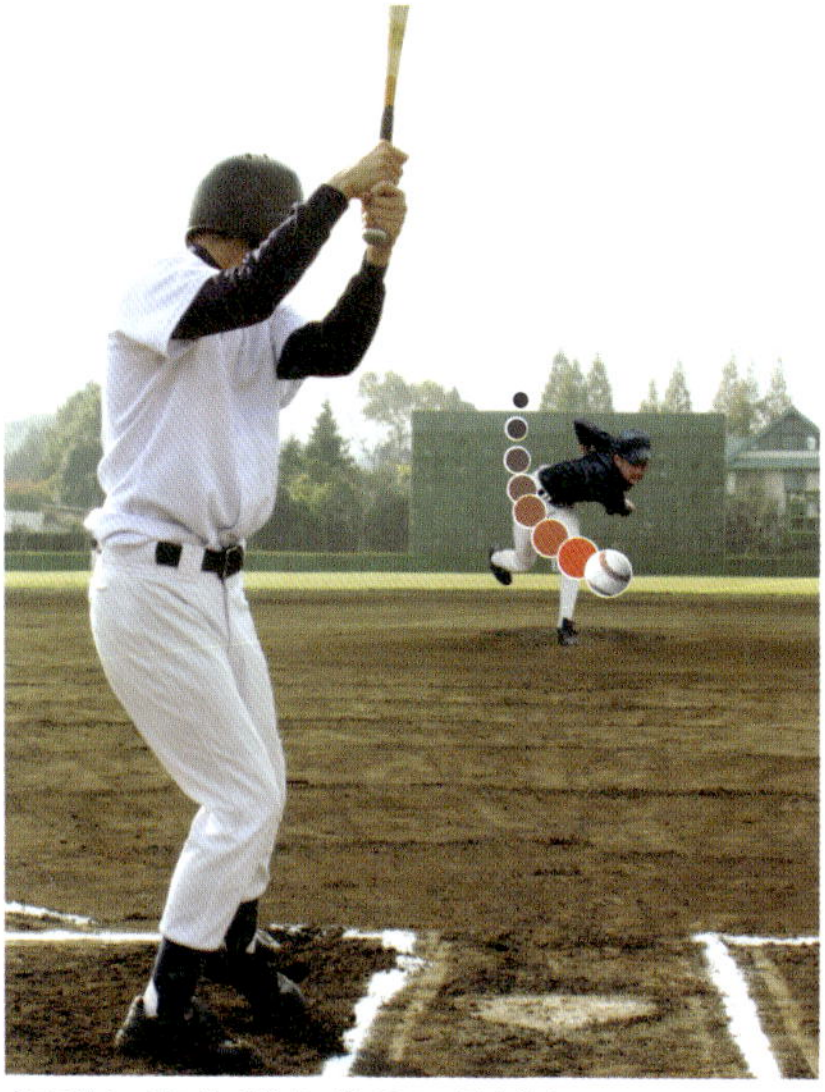
初球に変化球を使うと見逃しのストライクが取りやすい

最もストライクが取りやすい球種でストライクを取る

打力がありスイングが大きいバッターに対しては初球に変化球を見せておくことが、その後の配球に生きてくる。

積極的に振ってくるバッターにはファウルを打たせる配球をすることも重要だ。アウトコースに厳しいボールを投げたり、インコースぎりぎりのボールを投げたりすることでファウルを打たせることができる。ぎりぎりのボールならば、たとえいい当たりを打たれてもファウルにしかならないのだ。ファウルならばいくら打たれてもいい。ファウルを打たせることでバッテリー有利になる。

特に、ランナーがいる場面では、初球にストライクを取ることで、攻撃側は作戦の幅が極端に狭められるのだ。ランナーがいる場面でも初球にストライクを取ることが重要だ。また、バッテリーにとって、その後の投球においても有利に進

積極的に打ってくるバッターにはファウルを打たせる

められるので、打ち取れる確率もぐんとアップする。

ただし、スコアリングポジションに走者がいる場合、バッターは狙い球を絞り積極的に打ってくる。簡単にストライクを取りに行くと痛い目にあうのだ。これが配球の難しいところだ。この場合は、ピッチャーの最も得意な球種、またはバッターの狙いを外す球種を選択すべきだ。

ランナーをスコアリングポジションに置いたときこそ細心の注意をはらい打たせない配球をすることが重要だ。ランナーを背負ったときは、初球の入り方で打ち取れるかどうかが決まるといっても過言ではない。

スコアリングポジションにランナーがいるときは、初球から厳しいボールでストライクを取る

積極的に打ってくるバッターには変化球を振らせる

バッターの初球の考え方

バッターは、バッテリーが初球にストライクを取りたいと思っていることを知っている。また、初球に打ちやすいボールが来ることも知っている。だから初球の甘めのボールを待ち、ヒットにできる自信のあるボールが来たら積極的に打ちにいくのだ。逆に難しいコースや鋭い変化球が来たら、無理に打つこともない。1ストライクを取られても、まだ、余裕をもって勝負できるからだ。1ストライクを取られても勝負できるということは、初球に球種とコースを絞って打つことができるのだ。絞った球種とコースに来ればヒットにできる確率がぐんと高くなる。ただし、しっかりとバッテリーを観察して配球を読まないと、バッテリーも考えて配球をしているので読

左右のコースを決めて、決めたコースを待って打つ

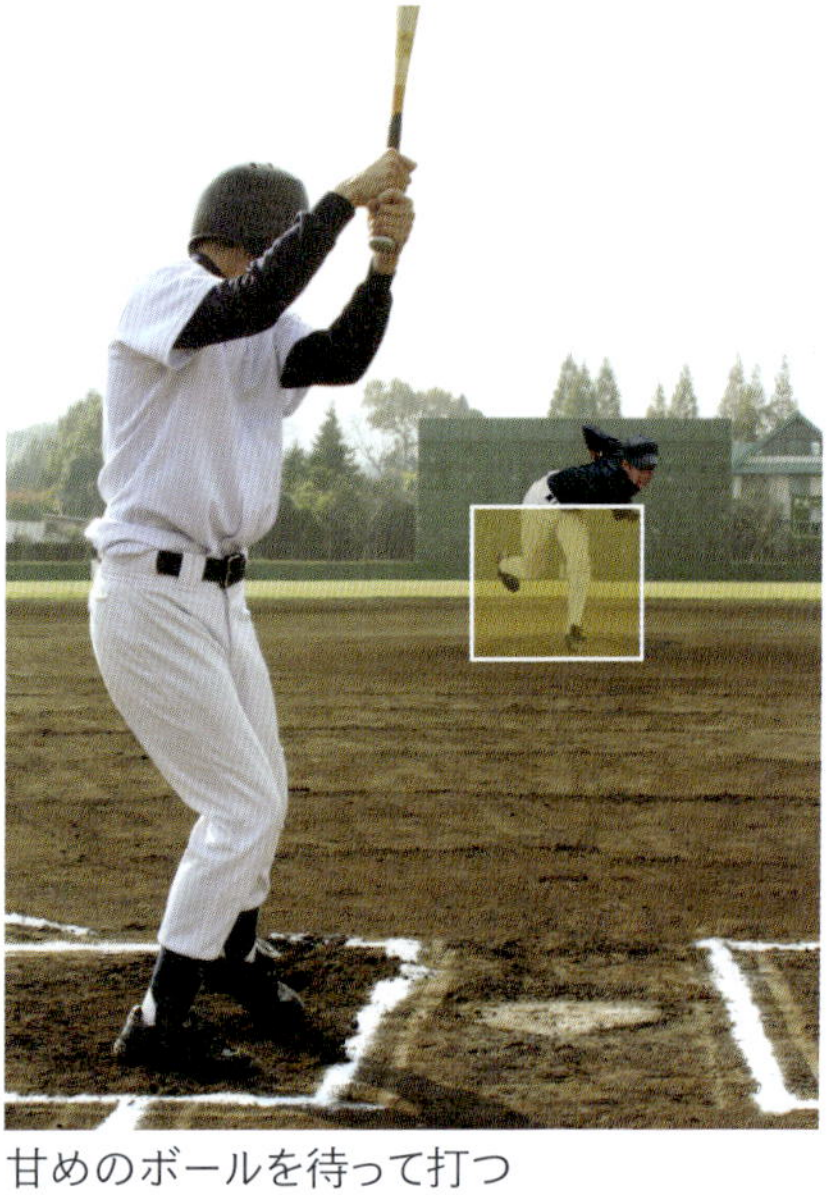

甘めのボールを待って打つ

みが外れることが多くなる。安易に山をかけると、簡単にストライクを取られてしまうのだ。

相手ピッチャーが好投手で簡単には打てないと感じたら、配球を読んで決めて打つことで力の差をうめられるはずだ。また、配球を読まなくても打てると感じたら、自然体で待ち甘い球を打っていくのだ。バッターは追い込まれるほどバッティングが難しくなることを知っておくべきだ。追い込まれる前に打つのが基本だ。初球のストライクを簡単に見逃すと打てるチャンスが少なくなっていく。

初球を振って、例え、ファウルや空振りだったとしても、見送るよりも投球に対するスイングのタイミングが分かるのだ。初球のストライクを振ると、それだけでタイミングが取りやすく、体もほぐれ動きやすくなるのだ。

甘いボールは積極的に打つ

球種を決めて打つ

1ボール0ストライクからのバッテリーの考え方

初球がボールだとバッター有利なカウントになる。バッテリーは2球目までに必ず一つはストライクを取りたいので、バッターは狙い球が絞れるのだ。バッターは2球目の狙い球が外れる、または、厳しいコースのボールだったら、見逃しても1ストライク1ボールの平行カウントになり、まだ互角のボールカウントとなるため、無理して打ちにいく必要はないからだ。また、初球にボールとなった球種とコースをインプットしているため、高い確率で狙い球が絞りやすいのだ。捕手はこのことをしっかりと頭に入れて配球しなければいけないのだ。

バッターは狙い球を絞ってくるので、狙いどお

初球のタイミングの取り方を見て判断する

初球の見逃し方で狙い球を見抜く

りの甘い球は打たれる確率が高くなる。バッテリーはストライクを取りたいので、甘くなる確率が高い。打たれないようにするにはどうすればいいか。それは、初球の見逃し方で狙い球を見抜くことだ。このボールカウントではバッターの狙い球ではない球種を選択する必要があるのだ。キャッチャーの観察力が重要なのだ。バッターの構え、初球の見逃し方、タイミングの取り方で判断できるはずだ。また、初球の球種とコースも考えて次の配球に生かすことも重要だ。まずは平行カウントにして、さらには2球目のバッターの反応を見て、バッターからデータを得ることがとても重要なのだ。

バッターの反応が分からず狙い球を見抜けなかったときは、ピッチャーがストライクを取りやすい球種とコースを選択することが基本だ。

狙い球を外す。平行カウントにする

バッターの構えを見る

1ボール0ストライクからのバッターの考え方

初球がボールだとバッター有利なカウントになる。バッテリーは2球目までに必ず一つはストライクを取りたいので、バッターは初球と同じように真ん中付近の甘い球を待って打てばいい。無理をして厳しいボールを打つことはない。ただし積極的に打っていかないと甘いボールを見逃してしまう。バッティングは積極的に打つという気持ちが大切なのだ。

このボールカウントはバッター有利なので狙い球が絞れる。ヒットを打つ確率を高めたいなら、狙い球を絞ることだ。狙い球が外れたり厳しいコースのボールだったりしたら見逃せばいいのだ。見逃しても1ストライク1ボールの平行カウント

初球と同じ球種とコースを待つ

真ん中付近の甘いボールを積極的に打っていく

で、まだまだ余裕をもって勝負できる。無理して打ちにいく必要がないからだ。また、初球ボールとなった球種とコースが分かっているため、高い確率で狙い球が絞れる。狙いどおりのボールがくればかなりの確率でヒットが打てるのだ。

初球がボールになったときの狙い球の絞り方をバッターの立場で考えてみよう。一般的にキャッチャーは初級がストレートのボール球だったら、初球と同じストレートでストライクを取りにくるのだ。それは、初球にストライクが取りたかったがコントロールミスで取れなかった。次は同じストレートでストライクが取れると考えるからだ。だから、バッターは初球と同じストレートとコースを待つのだ。かなり高い確率で、初球と同じストレートが来るはずだ。

狙い球が外れたら見逃せばいい

2ボール0ストライクからのバッテリーの考え方

　このボールカウントは、断然バッター有利だ。このボールカウントになるとピッチャーは必ずストライクを投げなければいけないケースなので、厳しいコースは要求できない。多少甘めのコースでストライクを取りにいくことになる。バッターは球種やコースを絞って、ヒットにできる甘めの球を狙っている。なので、甘い球は打たれる確率がぐんと高くなるのだ。

　逆に甘くなければ、ストライクが取れるカウントでもあるのだ。0ストライク2ボールになると、バッターは少なからずフォアボールを意識する。断然バッター有利なカウントなので難しい球には手を出してこないのだ。キャッチャーは甘

3ボールにしない。長打を打たれない配球をする。低めでストライクを取る

い球さえ要求しなければストライクが取りやすいボールカウントだということを頭に入れておくことが重要だ。

ただし、コースを狙い過ぎて3ボールにしてはいけない。1ストライク2ボールにすることが重要なのだ。ピッチャーが最もストライクが取りやすくコントロールが付けやすい球種を選択することだ。アウトコース低めのストレートが最も無難な選択であるが、自己中心にならず、ピッチャーの特長を引き出しながら配球することを覚えよう。

このボールカウントで考えなければいけないことは、3ボールにしないことと、長打を打たれないことだ。3ボールにしないことと長打を打たれないことは、どちらを優先するか考えると相反することだが、勝つためにはどちらも優先するという配球が必要なときもあるのだ。

何を優先して配球をするかを考えるのが第一だが、それだけではいい配球ができないということも理解しておこう。例えば、1点もやりたくないケースの2アウトランナー2塁で当たっている一番バッターの場面で、次の二番バッターの方が打ち取りやすいと考えたら、無理に勝負してストライクを取りにいくことはないのだ。ボール球で勝負しながら打ってくれたらもうけものという配球もあるのだ。また、完全に歩かせることも視野に入れて配球するのだ。

特に最終回、同点や1点差で勝っている場面なら迷わず敬遠を選択することも勝つためには必要な作戦の一つだ。

2ボール0ストライクからのバッターの考え方

このボールカウントになるとバッターは少なからずフォアボールを意識するようになる。このボールカウントでバッターは消極的になってはいけない。バッター有利でヒットを打つためには絶好のボールカウントなのだ。必ず甘めのストライクが来ると思って待つことが重要だ。ストライクが来たら必ず打つという気迫を持って待つのだ。このボールカウントでのバッティングはボールに当てにいってはいけない。空振りでも良いから思い切り自分のバッティングをするのだ。しっかり振り切るのだ。打ちにいって途中でボールが変化し狙い球と違ったからバットを止めハーフスイングになったなどという中途半端なバッ

甘めのストライクを待つ

ティングをしてはいけないのだ。狙い球が外れたら空振りでいいからそのまま振り切るのだ。このボールカウントでは、打ち気でしっかり振り切ればヒットになる確率が高く、長打になる確率も高いのだ。

このボールカウントで狙い球をどう絞るかは、2ボールになるまでの球種とコースを考えればバッテリーの考えが読めるはずだ。変化球、変化球で2ボールになったら、一般的にはストレートでストライクを取りにくるはずだ。甘いストレート一本で待てばいいのだ。ストレート、変化球、または変化球、ストレートで2ボールになったら、バッテリーはピッチャーが最もストライクが取れている球種とコースを選択するはずだ。それを読めばいいのだ。とにかく、このボールカウントでは甘い球を見逃さず積極的に打つことが重要なのだ。

ただし、どのボールカウントでもいえることだが、試合の進行状況で考え方は変わるのだ。僅差の2アウトランナー2塁ならバッテリーは甘い球を投げてこない。歩かせてもいいから厳しいコースで勝負してくるはずだ。バッターは狙い球をしっかりと絞ることが重要なのだ。また、3点差以上で負けている終盤なら、攻撃側はランナーをためてから攻めたい。このケースでは、1球見て2ボール1ストライクから勝負をかけるくらいの余裕を持ってもいいのだ。

試合展開によって、それぞれの打席でどのようなバッティングをすればチームに貢献できるかをバッターは分かっていなければいけない。ランナーを進めることを優先するか、ランナーを還すことを優先するか、それとも出塁することを優先するか、などだ。

3ボール0ストライクからのバッテリーの考え方

　このボールカウントは、バッテリーもバッターもフォアボールを意識する断然バッター有利なボールカウントなのだ。だが、バッターは、ほとんどの場合、打ってこないのがセオリーだ。

　ど真ん中のストレートでも一般的には打ってこないのだ。それは、1ストライク3ボールになってもバッター有利は変わらず、そこからでもバッターは十分勝負できるからだ。ここでキャッチャーが一番優先することは、ストライクを取ることだ。基本はストレートを要求する場面だが、ここでも、ピッチャーが最もコントロールが付けやすい球種を要求するのがいい配球だ。打力に自信のあるバッターは、このカウントからでも打ってくることはあるが、試合状況を考え、打たれてもいい場面では打ち損じを期待し、ど真ん中のストライクを要求するのがセオリーだ。

　ただし、バッターが強打者で走者がいる場面ならそんな単純な配球をしてはいけない。甘い

基本的にバッターは打ってこない

ど真ん中のストライクを要求する

スコアリングポジションにランナーがいるときは、厳しいコースでストライクを取る

ランナー二塁なら歩かせることも選択肢の一つ

球でストライクを取りにいくと長打を打たれ、得点を許す結果になる。その場合は、フォアボールでもいいから厳しいコースで勝負することも選択肢の一つだ。また、ランナー2塁ならば、歩かせて塁を埋めることも作戦の一つだ。いろいろな選択肢があって、得点を与えないための最も高い確率、または抑えきれる可能性が高い配球をすることが、キャッチャーの役目だ。

3ボール0ストライクからのバッターの考え方

よほど打てるバッターでなければ、このボールカウントでは1球待つのが野球のセオリーだ。それは、3ボール1ストライクになってからでもバッター有利で十分に勝負できるからだ。

ただし、2アウトランナー2塁や3塁のときは、真ん中付近の甘いボールを待って、ヒットにできる甘い球が来たら見逃す手はないのだ。積極的に打っていってもいいのだ。

このケースで気を付けたいのは、ヒットを打って当たり前のボールカウントだから、バッターは緊張し力が入り過ぎるのだ。上体の力を抜きリラックスすることが重要だ。3ボール0ストライクからバッターが打っていって、力が入り過ぎて、打ち損じたケースを今まで数多く見てきた。また、両チーム点が入らない緊迫したゲームで、3ボールからピッチャーが簡単に置きにいった甘い球を打って柵越えホームランというケースも何度も見てきた。長打力のあるバッターは長打を狙って打ってもいいボールカウントでもあるのだ。狙い球を絞って、その狙い球に10割のタイミングで待って打っていってもいいのだ。

1球待つか、真ん中付近の甘いボールを打つかを決めて待つ

狙い球を絞って打つ

0ボール1ストライクからのバッテリーの考え方

初球にストライクが取れればピッチャー有利なボールカウントになる。バッターは追い込まれたくはないので、次のボールは厳しいコースでも打ってくる。バッテリーは、ボールになっても1ストライク1ボールとなるので、焦ることはないのだ。

キャッチャーは、バッテリー有利なボールカウントであることを考え配球を組み立てることが重要だ。バッターは積極的に打ってくるので、キャッチャーは甘い球を投げさせてはいけない。際どいコースを突いて、打たせて打ち取ればいいのだ。また、ボールになっても1ストライク1ボールなので、次の球に対する布石になることを考えて配球することが大事だ。

初球より厳しいコースを突いて、打たせて打ち取る

キャッチャーは予め、それぞれのバッターに対する配球を決めているはずだ。初球をどの球から入って、どの球で追い込み、どの球で仕留めるか。その配球をボールカウントやバッターの反応によって変化させていくのだ。

このボールカウントでは、初球をどのボールでストライクを取ったか、見送りか、空振りか、ファウルか、バッターの反応はどうだったか、それによって次に要求する球種やコースも変わってくる。ここは、バッテリー有利なボールカウントだけに、ヒットを打たれたくない。簡単にストライクを取りにいくと、積極的になっているバッターに打たれる確率が高くなる。初球よりも際どいコースに投げさせることが重要だ。初球より甘い球は打たれる可能性が高いことを考え、キャッチャーは第一ストライクよりも第二ストライク、第二ストライクよりも第三ストライクの方

バッターの見逃し方から情報を得る

が厳しくなるようにリードすることが重要だということが分かったうえで配球を組み立てることが重要だ。

バッターが初球を見逃してストライクを取ったら、バッターの見逃し方から情報を得るのが重要なのだ。打ち気だったが狙い球と違ったから見逃したか、厳しいコースだったから見逃したか、スピードについていけなかったか、それとも打つ気がなかったか。それによって次の配球を考えればいいのだ。空振りのストライクだった場合は、狙い球と違ったか、振り遅れだったか、タイミングが合っていなかったか、ボール球だったか、それによってバッターの弱点が見えてくるはずだ。ファウルの場合も、狙い球と違ったか、振り遅れだったか、タイミングが合っていたか、合っていなかったか、いい当たりのファウルだったか、当たり損ねだったか、逆方向を狙っていたか、などが分

ファウルから得る情報

空振りから得る情報

かるはずだ。それをしっかりと感じることがとても大切なことなのだ。そこから、何も感じられないようでは、キャッチャー失格といえる。

タイミングが合っていれば、初球と異なる球種を選択する必要がある。また、タイミングが合っていないからといって、同じ球を選択するとバッターは対応してくることも頭に入れて組み立てることが重要だ。同じ球種で同じコースを続けるのは二つまで、三つめは危険であるということを理解したうえで配球を組み立てるようにしよう。バッターは2ストライクと追い込まれるまで狙い球を変えないのが一般的だ。それも頭に入れておこう。このボールカウントは少し余裕があるので、インコースぎりぎりのボールになるストレートでファウルを打たせる。または次のボールの布石としてのけぞらせる配球があることを覚えることも重要だ。

インコースでファウルを打たせる、又はのけ反らせる

初球のスイングでタイミングが合っているかどうかを判断する

0ボール1ストライクからのバッターの考え方

バッターは追い込まれると、ストライクゾーンを広げ少々のボールでも打ちにいかなければならず、ヒットを打てる確率が下がることを知っている。だからバッターは追い込まれる前に打ちにいこうとする。0ボール1ストライクからバッターは、ヒットを打つためには何を考え準備すべきかを一瞬で判断する必要がある。初球がストレートで速いと感じたら、バットを指1本分でも短く持ってコンパクトに鋭くスイングする準備をすべきだ。初球をストレート待ちで、変化球でストライクを取られ全く反応しなかったら、バッテリーはストレート狙いだと思うはずだ。2球目も初球と同じ変化球がくる確率が高い。キャッチャーがバッターの反応を見て配球を考えるのと同じようにバッターもバッテリーの配球を読んで準備することが重要なのだ。このボールカウントでバッターは、自然体で構えストライクを打っていくか、配球を読んで球種を絞るか、配球を読んでコースを絞るか、配球を読んで球種もコースも絞るかだ。

追い込まれたくないのでストライクなら打つ

追い込まれる前に打つ
B
S

1ボール1ストライクからのバッテリーの考え方

　このボールカウントは平行カウントといわれ、初球と同じ互角のボールカウントだ。ただし、次の1球で有利不利が一気に変わってくる。

　バッテリーはストライクを取って追い込みたい。バッターは追い込まれたくないのでストライクなら打ちにくるボールカウントなのだ。バッターの心理からすれば少々厳しいコースでもストライクなら打っていきたいのだ。2ストライク1ボールになるとストライクゾーンを広げて、さらにどんなボールにも対応しなければいけなくなるからだ。

　キャッチャーは、このバッターの心理状態を見抜いて厳しいコースまたは狙い球を外した配球をすると打ち取れるのだ。

3球目は、1ストライクを取ったボールより厳しいボールを打たせる

キャッチャーの配球は、ストライクをどの球種のどのコースで取ったかで決まる確率が高い。打ち取りたい、または次のボールで追い込みたいので、ストライクを取ったボールと同じ球種とコースを選択するキャッチャーが多い。これ自体は間違っていないが、バッターも心理状態は同じなのだ。ストライクを取られた球種、コースを軸に待つことが多いのだ。キャッチャーは、ストライクを取ったボールよりも、もっと厳しいコースでバッターに打ってもらう配球がベストと考えよう。ここは、低めの変化球を打たせて内野ゴロに打ち取る配球が無難な選択だが、バッターの狙い球がある程度読めているなら、狙い球を外す選択も間違いではない。また、ピッチャーの力量がバッターを上回っているなら、ピッチャー中心の配球で、2球投げた配球をベースに、打たれない球種とコースを選択すればいい。

バッターの心理状態を見抜いて狙い球を外す。または変化球を打たせて内野ゴロで打ち取る

1ボール1ストライクからのバッターの考え方

1ストライク2ボールまたは1ストライク3ボールがバッティングチャンスといわれている。それはそれらのボールカウントになるとバッテリー側から考えるとストライクを投げないと極端に不利なカウントになるかフォアボールになるので、少し甘めのボールでストライクを取りにいきたくなるからだ。

では1ストライク1ボールからはどうだろうか？　バッテリーはこのボールカウントからストライクを取って2ストライク1ボールのカウントを作りたいのだ。このボールカウントでボール球を投げて様子をみようと考えているバッテリーはまずいない。このボールカウントからもバッテ

積極的に打つ気で次のボールを待ち、ストライクが来たら打っていく

リーはストライクを取りにくるのだ。バッターは積極的に打つ気持ちを持って次のボールを待つべきなのだ。この心理状態が面白いのだ。バッターは必ずストライクが来ると思っている。バッテリーもバッターは必ず打ってくると思っている。

バッターのこのボールカウントでの球種の絞り方は、前に投じられた2球を参考にすれば見えてくるものがある。ストレートを2球続けてきたら、次は変化球の可能性が高い。ストレートと変化球が1球ずつなら変化球5割、ストレート5割の確率だ。変化球を2球続けてきたなら、次はストレートの可能性が高い。ストレートを待てばいい。ただし、同じパターンだけではない。ピッチャーのタイプや各回の投球データ、前のバッターへの配球を観察しながら配球を読むことが重要なのだ。読んだ配球に10割のタイミングで待てるボールカウントなのだ。

読んだ配球に10割のタイミングで待てるボールカウント

2ボール1ストライクからのバッテリーの考え方

　このボールカウントはバッティングカウントといわれ、バッター有利なボールカウントなのだ。バッテリーはストライクを取らないと、1ストライク3ボールになり極端に不利なボールカウントになる。一方バッターはストライクを取られると、2ストライク2ボールと追い込まれ打ちにくくなる。ストライクを取りたいバッテリーと積極的に打ちにいきたいバッターの状況が重なり、打たれる可能性が高くなるバッター有利なボールカウントなのだ。なのでバッティングカウントといわれている。

　バッターは空振りしても三振しないので、積極的に強振してくる。長打を打たれやすいボールカウントでもある。キャッチャーはこのことを頭に入れて配球することが重要だ。

　もちろん甘い球ではいけない。甘い球は必ず打たれると思った方がいい。このボールカウントでランナーがいるときは、ヒットエンドランなどの戦術が使いやすいことも頭に入れておくことが重要だ。

　ここでの配球は、ピッチャーの最も自信のあるボールを選択することだ。ピッチャーの最高のボールでバッターを打ち取ると、その後の自信にもなり、配球の幅もますます広がってくる。

　また、バッターの弱点が分かっていれば、そこを突くのも配球の一つだ。キャッチャーはバッターのスイングや構えから弱点を見抜けることもよいキャッチャーになるための条件の一つだ。強振してくるバッターには変化球を、開くバッターにはアウトコースを、回転が使えないバッターにはインコースを、非力なバッターにはストレートを、決して逃げない配球でピッチャーをリードしていくことも重要な要素だ。具体的にどのボールを選択するかは、1ストライク2ボールになるまでに選択してきた配球が重要になる。ここまでに3球投げてきている。直前の球種とコース、3球までにインコースのストレートを使ったか、どのボールで打ち取ることを想定してここまで組み立ててきたか、それらを考え、バッターが振ってきてもヒットになりにくい球種とコースを選択することが重要だ。ただし、このボールカウントは特別なケースを除いてストライクゾーンで勝負することがセオリーだ。

ピッチャーの最も自信のあるボールを選択する

2ボール1ストライクからのバッターの考え方

このボールカウントは、バッターが最も自信を持って打っていきやすいボールカウントなのだ。ピッチャーはストライクを取りたい、バッターはファウルでも空振りでもいいから自分のバッティングをしたい、というボールカウントなのだ。追い込まれて少々のボール球やどんな球種の変化球でも打っていかないといけないボールカウントではないのだ。バッター有利のボールカウントで、余裕をもって振っていけるボールカウントなのだ。打てるチャンスなのだ。バッテリーとの勝負で精神的に有利な立場に立てるかどうかで、その後の結果が大きく違ってくるのだ。精神的に優位に立った方が勝つ確率が高くなるのだ。

バッターの球種の読み方は、2ボール0ストライクからこのボールカウントになったなら、バッテリーは3球目と同じ球種とコースを選択しないのが一般的だ。1ボール1ストライクからこのボールカウントになったなら、ストライクを取った球種とコースで攻めてくるのが一般的だ。これが分かっていれば狙い球10割のタイミングでボールを待つことができる。狙い球が来ればヒットを打てる確率が上がるのだ。

狙い球10割のタイミングで待つ

ストライクが来るボールカウントなので狙い球を決めて、思い切り打つ

3ボール1ストライクからのバッテリーの考え方

断然バッター有利なボールカウントだ。このボールカウントになればバッターは狙い球を絞って打ってくるのがセオリーだ。それでもキャッチャーはストライクを投げさせることを優先して球種とコースを決める必要があるのだ。簡単にフォアボールにしてはいけないのだ。

　このボールカウントでは、ピッチャーが最もストライクを取りやすい球種を選択することがセオリーだ。フォアボールで歩かせるよりヒットで出塁された方がナインも納得するのだ。ただし、走者がいる場合は、簡単にストライクを取りに行って打たれてはいけない。1塁が空いていれば、歩かせてもいいので厳しいコースで勝負をするのがセオリーだ。

　具体的な配球は、3ボールから1ストライクを取ったのと1ストライク2ボールからこのボールカウントになったのでは考え方が違ってくる。バッターは、3ボールからこのボールカウントになったときは、ストライクを取られた球種かストレートに狙いを絞ってくるのが一般的だ。それは、キャッチャーがストライクが取りやすい同じ球を続ける傾向にあるからだ。なのでキャッチャーは、ストライクが取りやすいからといって同じボールを甘いコースに投げさせてはいけない。同じボールを続けると打たれる確率はぐんと高くなる。

　1ストライク2ボールからこのボールカウントになったときは、それまでの配球を生かすことを考えて次のボールの球種とコースを決めるのだ。このボールカウントの配球で大事なことは、どうしたいかを明確にして球種とコースを決めるべきなのだ。それは、打たれてもいいからフォアボールを出さないことを優先するか、フォアボールにしてもいいから打たれない球種とコースを選択するかだ。ただし、フォアボールを出さないことを優先しても、ど真ん中のストレートというのはあり得ない。多少甘くはなってもコースを突くのがセオリーだ。

3ボールからこのボールカウントになったら球種を変える

多少甘くはなってもコースを突く

3ボール1ストライクからのバッターの考え方

バッター有利なボールカウントなので余裕を持って打ちにいく

このボールカウントでは、ピッチャーはボール球は投げられないので必ずストライクを投げてくるバッティングカウントだ。バッターはもう1球ストライクを取られても勝負できるボールカウントで、バッター有利で余裕を持って打ちにいける。バッターの心得としては積極的に打ちにいき甘い球を見逃さないことだ。

次のボールは打ちごろの球が来る、変化球はコントロールがつけにくいだろうからストレートだ、それでも、ど真ん中には投げてこないだろうからアウトコースを狙っていこう、と考えるのが一般的だ。基本的にはアウトコースよりの甘いストレートを狙っていけば、ほぼ高い確率でそのボールが来るはずだ。それを打っていけば、ヒットになる確率は高くなる。

アウトコースよりの甘いボールを狙って打っていく
B
S

0ボール2ストライクからのバッテリーの考え方

断然ピッチャー有利なボールカウントだ。このボールカウントから打たれてはいけないのがバッテリーのセオリーだ。それは、このボールカウントからはストライクゾーンで勝負する必要がないからだ。ボール球で勝負出来、バッターは少々のボール球でも振らなければいけない状況だからだ。キャッチャーは、このことをしっかり頭に入れて配球することが重要だ。

バッターは、このボールカウントでは三振をしたくないので、様々な球種やコースを想定して、さらに自分のストライクゾーンをいつもよりボール一つ分広げて投球を待つのがセオリーだ。ほとんどのバッターがそうしていると思っていい。また、追い

ボールゾーンで勝負する。どこで勝負するかはそれまでの投球を考え振らせるボールか、次のボールの布石となるコースと球種を選択する。

込まれているのでバットを短く握って当てにくるバッティングをするのが一般的だ。打ち気満々なので、ストライクが来ると簡単に打たれてしまうのだ。だからといって、アウトコースに大きく外す明らかなボール球を要求しバッターに余裕を与える配球は、配球とはいえないのだ。2ストライク1ボールから勝負する次のボールの布石となるボールを選択することが重要だ。インコース高めのストレートを見せておいてアウトコース低めのスライダー、または低めに落ちるチェンジアップで勝負する。アウトコースにボールになるスライダーを見せておいてインコースのストレートで勝負するなどだ。意味のない無駄球は使わず、1球1球に根拠のある配球をすることが重要だ。基本は3球勝負でいいが、ストライクゾーンで勝負してはいけない。ボール球を振らせる3球勝負なのだ。

インコース高めのストレートを見せて、低めの落ちる球かアウトコースのスライダーで打ち取る配球

アウトコースのスライダーを見せて、インコースのストレートで打ち取る配球

0ボール2ストライクからのバッターの考え方

どんなバッターでも2ストライクからの打率は極端に落ちる。少年野球からプロ野球まで、どのレベルの野球でもそうなのだ。このボールカウントでバッターが考えなければいけないことは粘ることだ。追い込まれるとバッターは後がないから苦しい。このピンチをしのぐには少々のボール球も打ってファウルで粘るのだ。ファウルを打てば打つほど投球に慣れてくる。フォアボールでの出塁率や打率が上がってくるのだ。

では、具体的にどう考え、どういうバッティングをすればいいか？　基本は全球種、全コースに対応しながら逆方向にライナーを打つことを意識することだ。そうすることによって空振りをし

ストライクゾーンを広げてボールを待つ

なくなり厳しいコースはファウルに出来るのだ。そのためにはバットを少しでも短く握り、コンパクトに振ることを心がけることがポイントだ。

このボールカウントから2ボール2ストライクのボールカウントを作れればバッター有利になるのだ。

バッターは、このボールカウントではピッチャーはまともに勝負してこない、ボール球で誘ってくるという意識がある。それによって消極的になることがある。そんな隙を見せてはいけないのだ。強い気持ちを持って、簡単には見逃さない、少々のボール球でも振っていくのだ、という心構えが重要だ。

2ボール2ストライクのボールカウントに持ち込めばピッチャーは次のボールはストライクゾーンで勝負しなければならなくなる。バッターにとって打てる確率が高くなったのだ。

ファウルで粘って2ボール2ストライクのボールカウントに持ち込む

1ボール2ストライクからのバッテリーの考え方

　このボールカウントも断然ピッチャー有利だ。ピッチャーが一番得意としている決め球を使う場面としては一番適しているボールカウントといえる。ピッチャー中心の配球でいくなら、ここで決め球を使うべきだ。ただし、ワンパターンの配球ではいけない。一試合の中ではこのボールカウントになる場面が多々あるはずだ。キャッチャーは、このボールカウントになるまでの配球を生かして次のボールを決めることが重要なのだ。0ボール2ストライクから4球目の布石として3球目のボールを見せたのなら次のボールは決まっているはずだ。1ボール1ストライクからこのボールカウントになったのなら3球目までの配球を生かせばいいのだ。バッターは追い込まれているのでストライクゾーンをボール一つ分広げて待っているのだ。低めにくれば少々のボール球でも振ってくる。特にストライクゾーンからボールゾーンに落ちて来る変化球は効果的だ。ほとんどのバッターが振ってくると思っていい。

　キャッチャーは、このボールカウントでもストライクゾーンで勝負するのではなく、バッターが広げているボール一つ分のゾーンで勝負できることを考えて配球することが重要だ。また、バッターの弱点が分かっていれば徹底的にそこを突いてもいいのだ。ピッチャーのコントロール、持ち球、球威、バッターの特長も考えながら、これまでの配球を生かすことが特に重要なのだ。

1ボール2ストライクからのバッターの考え方

このボールカウントは、ピッチャーが三振を狙って決め球を投げてくる確率が一番高いボールカウントだ。

ピッチャーが有利なボールカウントなので0ボール2ストライクと同じようにストライクゾーンを広げて逆(右打者なら右方向、左打者なら左方向)方向を狙うバッティングが基本だ。

0ボール2ストライクから1球見せ球でボールになったなら次は決め球のはずだ。その決め球を狙っていくバッティングもある。ヒットを狙うのだ。結果は三振も凡打も同じなので当てにいかずヒットが打てるバッティングをするのだ。

逆方向を狙うバッティングをする

2ボール2ストライクからのバッテリーの考え方

このボールカウントもまだピッチャー有利なボールカウントなのだ。2ストライク1ボールからこのボールカウントになったときと、1ストライク2ボールからこのボールカウントになったときではバッターとバッテリーの心理状態は違うが、ピッチャー有利なボールカウントには違いない。バッターの心理状態は、2ストライク1ボールのときは、投手は際どいコースを突いてくると思っている。このボールカウントではピッチャーもボールにしたくないのでストライクゾーンで勝負にくると思っているのだ。チャンスが広がったと思っている。一方キャッチャーは有利なボールカウントから決めにいったボールで仕留められなかったと思っている。次の1球が難しくなるのだ。

逆に、1ストライク2ボールのときバッターは、バッティングチャンスだと思っていたが、このボールカウントにされてしまったという思いがあるはずだ。

キャッチャーは、このボールカウントにして次の球で打ち取ることを考えて配球をしているので次の球は決まっているはずだ。このボールカウントは平行カウントだが、バッターとバッテリーの心理状態でどちらが有利ともいえなくなってくるのだ。このボールカウントは、バッテリーからすれば、まだ追い込んだ状況なので、もう1球ボールが投げられるのだ。逆にバッターは、追い込まれている状況なので後がない。キャッチャーは、このことを理解して配球することが重要だ。

ピッチャー中心の配球をするなら、このボールカントからもピッチャーが最も得意としている決め球を選択するのが配球のセオリーだ。ただし、ここまでに4球以上は投げてきている。バッターも配球の傾向は分かってきているのだ。また、試合経過の中でこれまでの配球も研究されているのだ。特に試合の終盤になれば、相手チームもキャッチャーのリードの傾向をしっかりと分析してきているのだ。逆にキャッチャーは、バッターの傾向と特長が分かってきている。これまでの配球を生かしながら、ピッチャーの特長を生かした配球、そしてバッターの弱点を突いた配球をすることができるのだ。

配球に正解はないといわれているが、正解はあるのだ。正解がなければ配球など勉強しなくてもいい。配球を勉強してバッターを打ち取っていく正しい配球をすることでチームを勝利に導くことができるのだ。そこがキャッチャーの重要な役割の一つなのだ。

ピッチャーが最も得意とする決め球を選択するのが配球のセオリー

2ボール2ストライクからのバッターの考え方

このボールカウントでバッテリーの心理状態を考えると、バッテリーは3ボール2ストライクのフルカウントにしたくないのだ。バッターはこのことをしっかりと頭に入れておくべきだ。特に2ストライクからこのボールカウントになったら、次は必ずストライクを投げようとする。少々甘くなるのだ。バッターは精神的にも優位になりバッティングカウントになるのだ。狙い球を絞って、狙い球8割のタイミングで積極的に打っていくことが重要だ。狙い球が来なかったらファウルにして粘ることも重要だ。

逆に2ボールからこのボールカウントになったら、バッティングチャンスから一転追い込まれた状態になる。精神的に苦しくなるが、ここで気持ちが負けてはいけない。ピッチャーも苦しいのだ。ストライクを取られた2つのボールが同じ球種なら違う球種で、違う球種で2つのストライクを取られたら、どちらかの球種で勝負にくるのが一般的だ。それを読んでしっかり狙うのだ。

2ストライクからこのボールカウントとなったら必ずストライクが来ると思って待つ

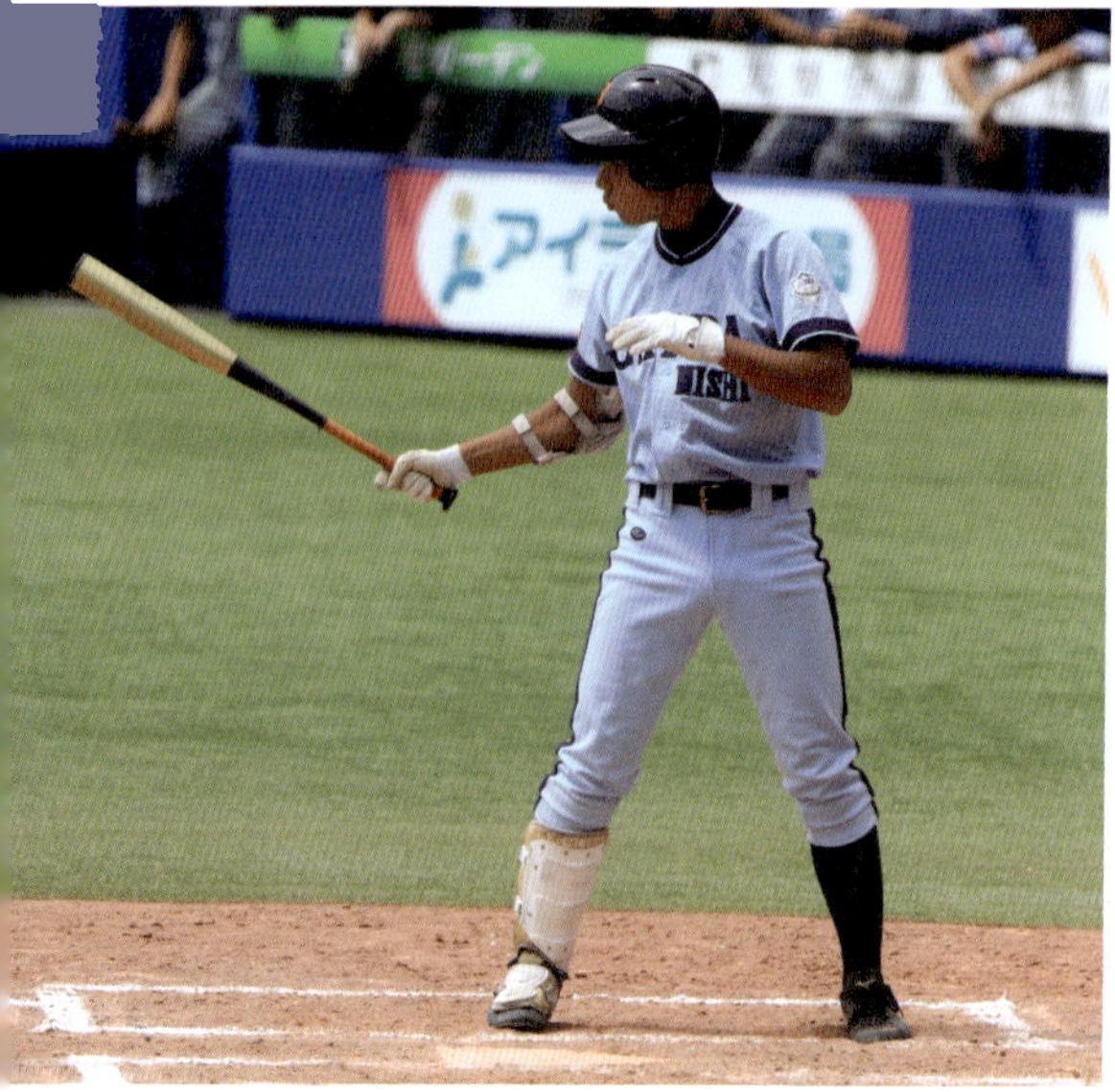

配球を読んでしっかり狙う

3ボール2ストライクからのバッテリーの考え方

　このボールカウントはフルカウントといわれピッチャー、バッターともに互角と思われている。しかし、ピッチャーはストライクを投げないとフォアボールになるので、バッターの方がやや有利といえる。特にコントロールの無いピッチャーだと、断然バッター有利になる。いつでもストライクが取れるコントロールのいいピッチャーの場合が互角といえるのだ。

　基本的にバッテリーは2ストライク3ボールにしてはいけないのだ。このボールカウントになる回数が多いピッチャーはツースリーピッチャーといわれ、コントロールが悪いピッチャーの代名詞なのだ。ツースリーになるとピッチャーの球数も多くなり、野手も守りにくいのだ。ストライクを取らなければいけないので、打たれる確率も高くなる。またフォアボールになると野手の集中力も切れる。キャッチャーはこのことを頭に入れツースリーにならないような組み立てをすることが重要なのだ。

　このボールカントでは、ストライクゾーンにボールがくればバッターは必ず振ってくる。フォアボールを出したくないからといってピッチャーはボールを置きにいってはいけないのだ。キャッチャーはこのこともピッチャーに分からせることが重要なのだ。腕を振って自信を持って投げ込ませればいいのだ。バッターはストライクゾーンを広げて待っているが、ここはストライクゾーンで勝負すべきなのだ。策を講じてボール球を振らせようと思わないことだ。ただし、ランナーがスコアリングポジションにいて1塁が空いている場合は、歩かせてもいいので厳しいコースで勝負するのがセオリーだ。

配球は単にボールカウントだけで考えるのではなく、点差や回の進み具合、アウトカウント、ランナーがいるかどうか、ピッチャーとバッターの特長や相性、このボールカウントになるまでの配球などを総合的に判断し、意味のある正しい配球をすべきなのだ。

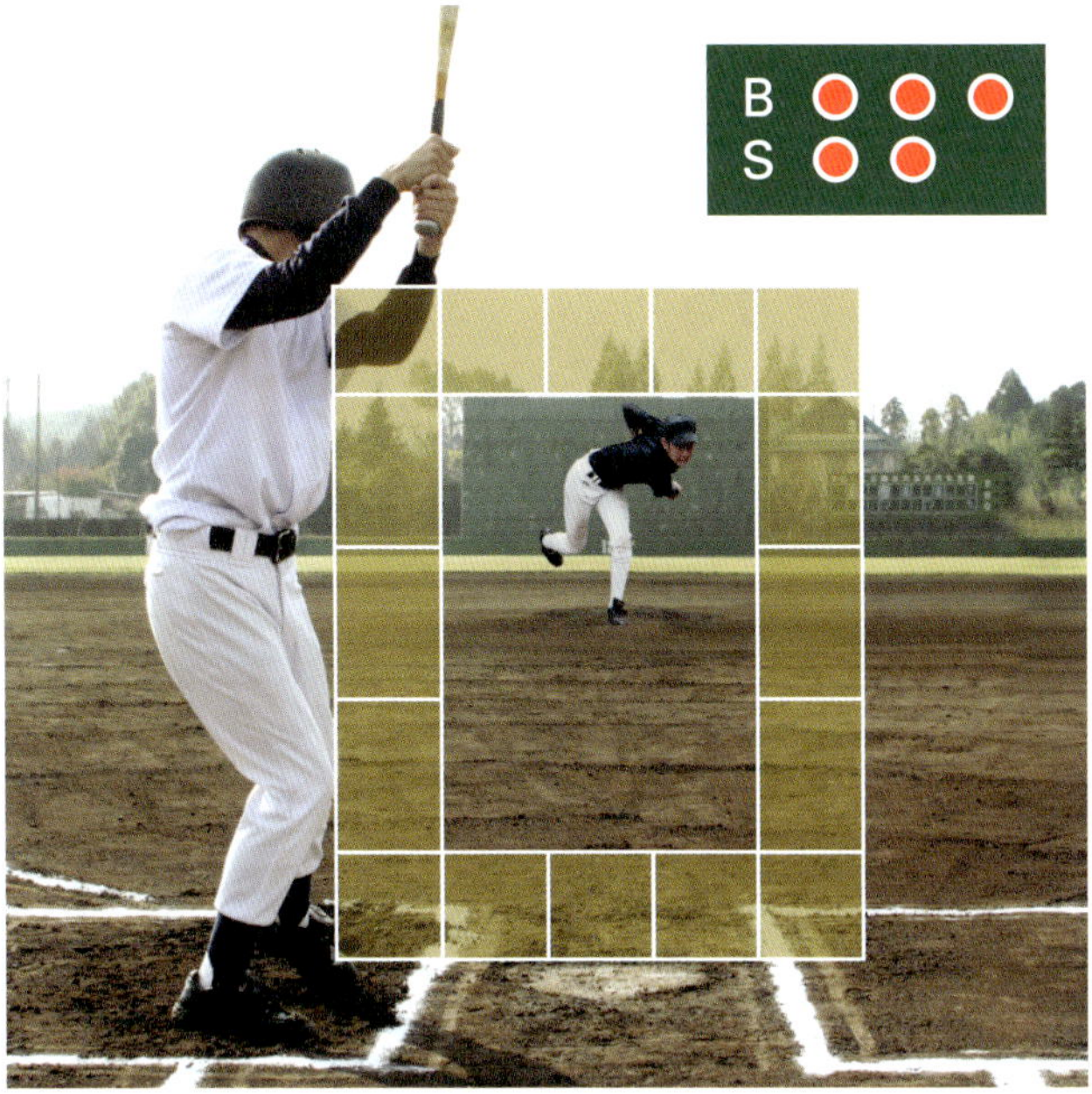

特別な場合を除いてはボールゾーンで勝負しようと思わない

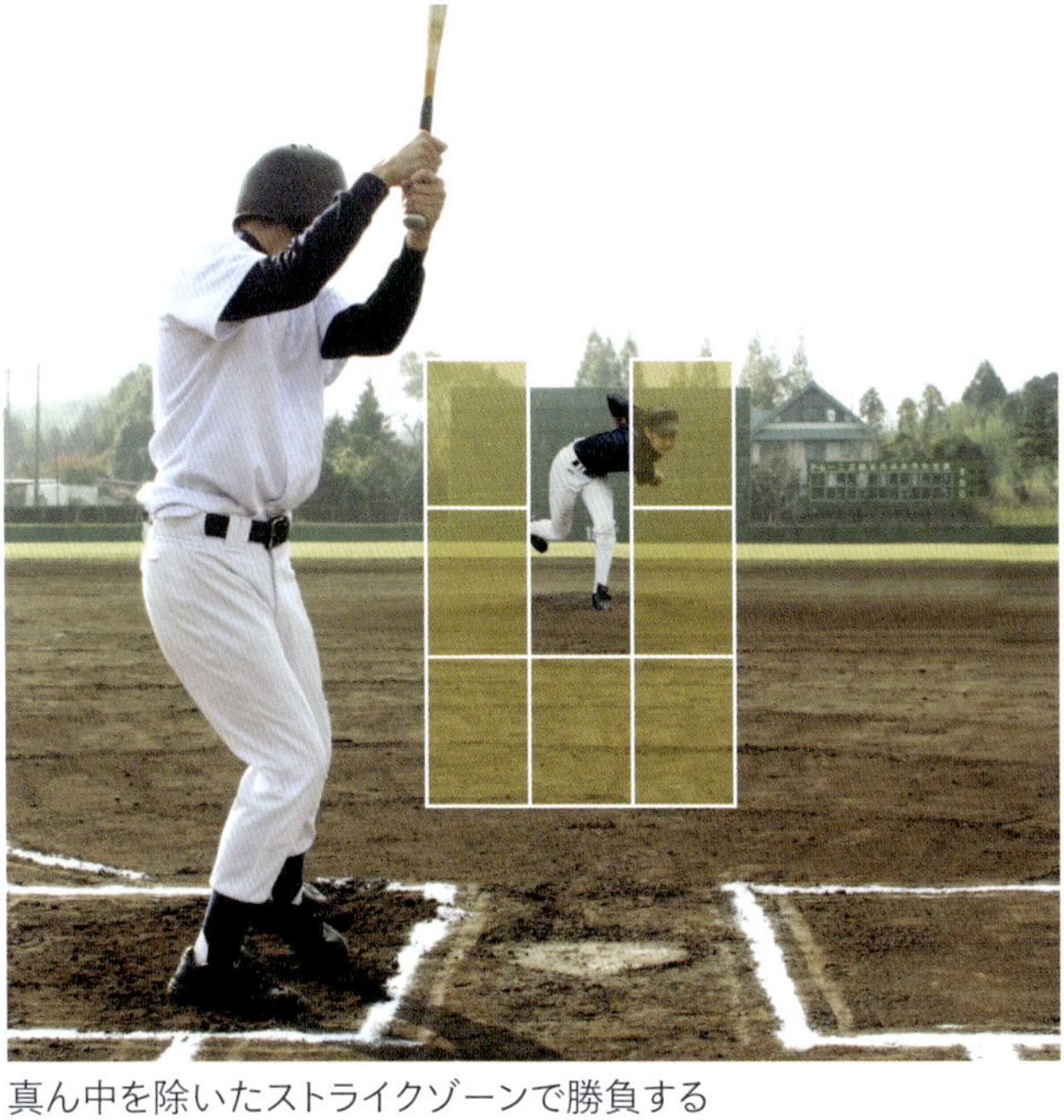

真ん中を除いたストライクゾーンで勝負する

3ボール2ストライクからのバッターの考え方

バッターのバッティングで一番難しいのがこのボールカウントだ。見逃せばストライクなら三振で、ボールならフォアボールになる。塁に出たいが三振はしたくない。ボールの見極めが特に重要なボールカウントなのだ。しかし、このボールカウントではフォアボールで塁に出たいからといって消極的になってはいけないのだ。積極的に打ちにいって、その上でボール球に手を出してはいけないのだ。

ピッチャーも同じ心理状態だ。一番緊張するボールカウントなのだ。バッターはフォアボール狙いだと厳しいストライクゾーンに来たボールに手が出なく三振を喫することになる。フォア

明らかなボール球は打たない。フォアボールはヒットと同じ

ボール狙いではいけないのだ。ここまでにピッチャーは5球以上投げてきている。バッテリーの配球もある程度読めているはずだ。狙い球を絞りストライクゾーンに来たボールはすべて打っていくことが重要で、狙い球で無ければファウルにすればいいのだ。

特にスコアリングポジションにランナーがいるときは、チャンスだ。試合展開にもよるが、バッテリーは無駄なランナーは出したくないのだ。ランナーをためると大量点に繋がるからストライクゾーンでの勝負が基本だ。3ボール2ストライクは互角のボールカウントではなく、バッター有利のボールカウントなのだ。バッターは積極的に打ちにいけるボールカウントなのだ。

消極的にならず積極的に打ちにいくボールカウント

日立ソリューシ

日立ソリューシ

第3章

バッターの構え方で特長や弱点を見抜く

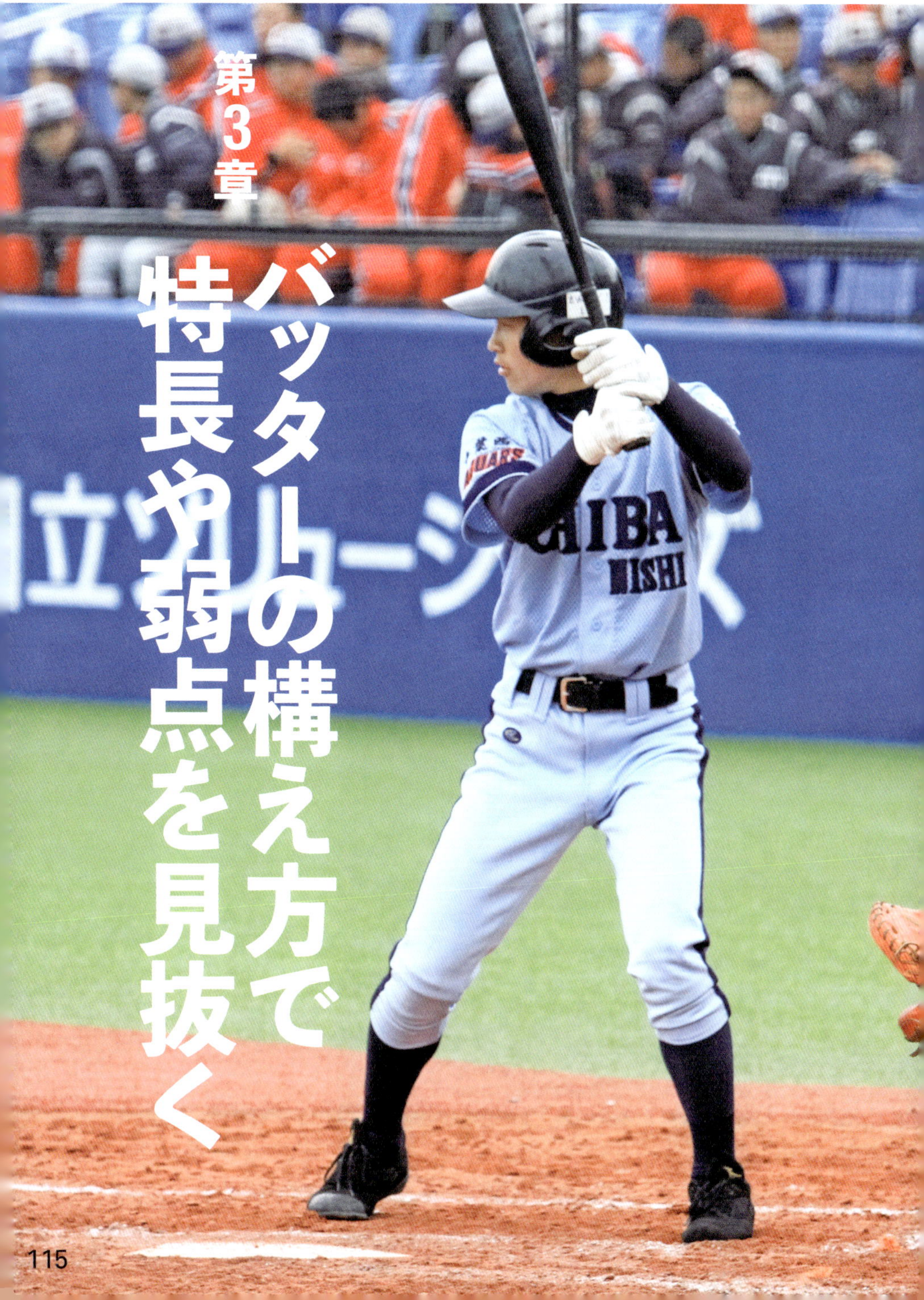

バッターの構えとスイングを見て弱点を見抜く

バッターは構えるときのグリップの位置、スタンスの位置と広さ、ステップの方法やタイミングの取り方などを工夫し、自分が最も打ちやすいバッティングフォームを作り上げている。それぞれが作り上げたバッティングフォームには必ず特徴があり、同じような構え方やスイングならば、ほぼ同じ長所と短所がある。

グリップの位置を肩より下にして構えているバッターは、低めに強く高めに弱い。アッパースイングで低めをすくい上げて打つので低めは長打も打てるがラインドライブの打球が多くなる。高めには振り遅れフライが多くなる。スピードの変化による緩急にも弱い。特にトップでグリップが下がるバッターは高めが打てないのだ。

グリップの位置が高いバッターは高めに強く、低めに弱い。ボールを上から強く叩くことを強く意識しているからだ。特に低めの変化球には弱いのだ。ただし、構えた位置からテークバックでグリップが肩の位置まで戻れば、そこからスイングが始まるので、長所と欠点が消える。高く構えたバッターは高いところから、低く構えたバッターは低いところから打ちにいくのが一般的だが、トップで構えがどう変化するかを見極めるのも重要なポイントだ。

神主打法のように、体の前でバットを立てて構えるバッターや肩にバットを乗せてヘッドを下げて構えるバッターは、緊張を和らげるためやリラックスしようとしている。これはストレート対策なので中途半端なストレートは打たれると思った方がいい。バットを肩に乗せて構えているバッターのグリップの高さへの投球は最も危険だ。このタイプのバッターは、高めに強く低めに弱いのだ。バットを立てているバッターはヘッドが利くので低めに強く高めに弱い。特にインコース低めには強いのだ。グリップに近いインコースに緩いボールを投げれば、どちらのタイプも打てる自信があるから打ってきて、思い切り引っ張ったファウルを打ってくれるはずだ。

グリップが体から離れているバッターは、インコースに強くアウトコースに弱い。懐深く構え、インコースは腕をたたんで強く振ることができるからだ。ただし、インコース高めに弱点がある。また、アウトコース高めは素直にバットが出せるので、押っつけ気味に打てる。逆に、アウトコース高めは打たれる確率が高くなる。アウトコー

グリップの位置が肩より上のバッター

グリップの位置が肩より下のバッター

ス真ん中から低めに大きな弱点がある。そこを攻めるのがセオリーだ。

　バッターの立つ位置について考えてみよう。ベースに近づいて立っているバッターはインコースが得意でアウトコースが苦手だからだ。なるべくベースに近づいてアウトコースを狙っているのだ。インコースは得意だからインコースを厳しく攻められても対応できると思っている。こんなバッターにはインコースを攻めればいいのだ。いくらインコースが得意でもベースぎりぎりに立っていれば、厳しいインコースを捌くのは難しい。インコースを攻めてアウトコースで仕留めれば、思いどおりに打ち取れるはずだ。ただし、コースが甘くなると打たれる。逆にベースから離れているバッターは、インコースが苦手でアウトコースが得意なのだ。それでもベースから離れている分アウトコースにはバットが届かない。

スタンスが広いバッターは、体が大きくパワーがあるバッターが多い

アウトコースぎりぎりを攻めればいいのだ。ただしアウトコース一辺倒だと踏み込んでくるのでインコースのボール球を投げてインコースを意識させることも重要だ。インコースを意識させ

てアウトコースに投げればバットが届かず、打ち取れるはずだ。特にアウトコース低めの変化球は効果的だ。

オープンスタンスのバッターはインコースが得意で、ストレートも内から入ってくるカーブやスライダーも強く打ち抜くことができる。逆にアウトコースのストレートや外に逃げていくスライダーに弱点がある。オープンスタンスでボールが見やすいので、ボールの見極めができやすく選球眼がいいバッターが多い。ただし、オープンスタンスからスクエアに踏み込んでくるバッターは要注意だ。アウトコースにバットが届き、強く打つことができるのだ。バッターが踏み込んだときに、前足をどの位置に踏み込むかを観察することが重要なのだ。オープンからスクエアに踏み込むバッターはインコースに弱点ができる。

クローズドスタンスのバッターはアウトコースにバットが届くので、アウトコースに強く逆方向へのバッティングができる。また、踏み込んで思い切り引っ張るバッティングもできる。ただし、踏み込んだ分インコースが窮屈になるのでうまく捌けない。

スタンスが広いバッターは、体が大きくパワーがある長距離ヒッターが多い。ノーステップで目の高さを変えないで確実にボールを捉えられるからだ。こんなバッターは左右の揺さぶりや緩急に弱い。コースを丁寧に突いて打ち取るしかない。まともにいくと打たれる確率が高くなる。

スタンスが狭く膝を伸ばして棒立ちで構えるバッターは、体の回転を利用して打つことができる。インコースが強くアウトコースに弱点がある。インコースの甘いボールは長打になりやすい。また、ステップするときに目の位置が動くので上下の変化や左右の変化には弱い。

バッターの動きを見て狙い球を見抜く

ほとんどのバッターはバッターボックスに入る前に素振をしている。バッターは自然と自分の狙い球や打つコースを意識して素振りをしている。バッターの素振りを見れば狙い球が見抜けるのだ。
バッターの狙い球が分かれば打ち取れる可能性が高くなる。

踏み込んで、間を取ってボールを引き付けてスイングしている右バッターならセンターからライト方向を狙っている。こんなバッターはインコースを攻めれば詰まるのだ。アウトコースのボールは打たれる確率が高い。アウトコース狙いのバッターはバッターボックスの真ん中かベースよりに立つはずだ。徹底的にインコースを攻めれば打ち取れる。

踏み込んでボールを引き付けてスイングしているバッター

体の開きが早く、フォロースルーが大きい素振りをしているバッターは、ボールを前で捉え振り切ろうとしている。こんなバッターはストレート狙いの可能性が高い。インコースのストレートは危険だ。アウトコースの変化球なら打ち取れる可能性が高い。または、インコースの緩いボール球でファウルを打たせることも選択肢の一つだ。カウントをかせぐ配球を覚えることもポイント一つ。

バットを短く握って単打を狙っているか、グリップエンド一杯に握って大きなスイングをしているかを見ることも重要だ。

バッターがバッターボックスでボールを待つときの基本はいくつかあり、一つはストレートにタイミングを合わせて変化球にも対応するというのが一般的だ。二つ目は配球を読み、球種を絞って打ってくるバッティングだ。ストレートか変化球かを絞り、変化球ならどんな変化球かまで

ストレートにタイミングを合わせ変化球にも対応することが、ボールの待ち方の基本の一つ

絞って打ってくる。とにかく球種にやまを張って打ってくるので、やまが当たれば緩急に崩されることなく打たれる確率が高くなる。

三つ目はコースを絞って打ってくるバッティングだ。ストレートや変化球での球種ではなくインコースだけ、またはアウトコースだけを狙って打ってくるのだ。バッテリーの配球がどちらかのコースに偏ると打たれやすくなる。

四つ目は打つ方向を決めて打つバッティングだ。例えば右バッターの場合、ヒットエンドランのサインが出ているときやノーアウト2塁でランナーを3塁に進めたいときは右方向に転がすバッティングをしてくる。また、右方向を意識することでボールを長く見られ空振りや泳がされることを防ぎ、ミートに徹するバッティングができるからだ。バッテリーはバッターのスイングを見て狙い球を見極めることが重要なのだ。

見逃し方から情報を得る

バッターのスイングを見てファウルから得られる情報は数多くある。バッターがファウルを打ったとき、捕手は何かを感じようとしなければいけないのだ。なんとなくファウルを見てカウントを稼いだと思っているようでは捕手としての成長はない。一刻も早く意識を変え一つのファウルから多くの情報を得られるようになることが重要だ。

では、一つのファウルからどのようなことが分かるのか?

まず、狙いが分かるのだ。ファウルでバッターがどういうスイングをしたかが分かるはずだ。しっかりスイングしてのファウルだったか、体を残して右方向に打とうとしてのファウルだったか、芯で捉えたファウルだったか、ゴロのファウルだったか、フライのファウルだったか、ファウルの方向はどっちだったか、タイミングは合っていたか、これらが分かるとフルスイングだったか、コンパクトなスイングだったか、ストレート狙いだったか、変化球狙いだったかなどバッターの狙いが感じ取れるはずだ。

ファウルだけではなく、見逃し、空振りからも情報は得られる。また、ヒットや凡打からも情報が得られるのだ。例えば、初球のストレートをバッターが見逃した。打ちにきてコースが厳しかったから見逃したのか、変化球狙いだったから見逃したのかが分かるはずだ。また、初球の変化球をバッターが空振りした。ストレート狙いの変化球対応だったか、右狙いだったか、アウトコース狙いだったか、変化球にタイミングが合っていなかったか、などが分かるはずだ。

ヒットや凡打の場合、詰まっていたか、ゴロだったか、フライだったか、芯で捉えていたか、芯を外していたか、タイミングが合っていたか、合っていなかったなどが分かり次の打席に生かせるのだ。

ベースから離れているバッター

ベースから遠く離れて構えているバッターはインコースが苦手なため離れて構えている。ベースから離れている分、アウトコースにはバットが届かない。なのでベースから離れているバッターにはアウトコース攻めが基本だ。バッターの苦手なインコースのストライクを投げるとベースから離れている分、真ん中のボールになってしまい打たれる確率が高くなる。ホームベースから離れて立つバッターにはアウトコースの厳しいところに投げるのが鉄則だ。ただし、構えた位置から踏み込んでくるバッターもいる。そんなバッターにはインコースが効果的だ。踏み込むとインコースを打つのが窮屈になり詰まりやすいのだ。ベースから離れて踏み込んでくるバッターにはインコースのボール球を使って踏み込ませないようにすることが重要だ。ベースから離れているバッターへの配球の基本は、初球はアウトコースのストレートまたは変化球でストライクを取る。この1球でバッターの動きを観察することが重要だ。踏み込んできたら、インコースのストレートを使うのだ。打ってきたら詰まるはずだ。踏み込んでこなかったらアウトコース主体の配球で打ち取れるはずだ。

ベースから離れて構えているバッターはアウトコースには届かない

ベースに近づいているバッター

ベースに近づいてバッターボックスのライン上ぎりぎりに構えているバッターは、アウトコースのボールを狙っている。基本的にベースに近づいて構えているバッターは、アウトコースが苦手だから前に立っているのだ。アウトコースぎりぎりのボールを甘い球にしたいのだ。インコースは自信があるからインコースに来ても打てると思っている。バッターにとってはこれが間違いなのだ。インコースぎりぎりに来れば、打てないのだ。ということはバッテリーはインコースを攻めればいいのだ。インコースにコントロールできれば打ち取れるのだ。

初球はインコースのストレートでストライクを取る。インコースぎりぎりに来ればバッターは打ってこないはずだ。打ってきてもファウルか詰まった当たりになることが多い。2球目もインコースを攻めて追い込む。追い込んだらアウトコースのボール球を投げると、もともとアウトコースは苦手なので簡単に打ち取れるはずだ。見逃されたらインコースで勝負すればいい。

ベースに近づいて構えているバッターは、インコースを攻める

バッターボックスの一番後ろで構えているバッター

バッターボックスの一番後ろのキャッチャー寄りで構えているバッターはストレートに対応するためだ。基本はストレート狙いなのだ。タイプとしては、ボールをしっかり見極めスイングスピードが速く長打力もあるバッターが多い。配球はインコース高めのストレートとアウトコース低めの変化球が中心となる。バッターボックスの中央で構えているバッターが、一番後ろに構えを変えてきたら、ピッチャーのストレートが速いと感じたからだ。または1塁にランナーがいて盗塁のサインが出たからだ。キャッチャーはその動きを見逃さないことが重要だ。

一番後ろで構えているバッターへの配球は、初球はアウトコース低めの変化球が無難だ。初球に対する動きを見て、次のボールの配球に繋げていく。基本はアウトコース低めの変化球でストライクを取ったら、2球目はインコース高めのストレートで空振りまたはファウルを打たせて追い込む。追い込んだらアウトコース低めのボール球を打たせる配球が基本だ。

アウトコース低めの変化球でストライクを取る

バッターボックスの一番前で構えているバッター

バッターボックスの一番前のピッチャー寄りで構えているバッターは変化球に対応するためだ。基本は変化球を待って、変化球の曲がりが少ないところを打ちたいと思っている。変化球を苦手にしている傾向が強いが、変化球狙いなので高めの変化球や甘い変化球は打たれる確率が高い。こんなバッターへの配球はインコース高めのストレートとアウトコース低めのストレートを軸にして高低の揺さぶりで攻めていけば抑えられる確率が高い。初球はアウトコース低めのストレートでストライクを取り、2球目はインコース高めのストレートで追い込む。またはこの逆でもいい。追い込んだらアウトコース低め、またはインコース高めのボール球を振らせれば抑えられるはずだ。

ピッチャーよりに立っているバッターはインコース高めかアウトコース低めのストレートで勝負する

グリップの位置が高いバッター

トップでグリップの位置が肩より高いバッターは低めに弱点がある。低めを軸にして配球する

構えたときに、グリップの位置を肩の高さより大きく上にして構えているバッターは高めのストレートに負けないように上から叩く意識が強いのだ。こんなバッターは高めに強く低めに弱い。ただし、バッティングで重要なのはトップのときにグリップの高さがどこにあるかだ。優れたバッターのグリップの位置は、トップでは体の軸より後方のキャッチャーよりにあり、高さはだいたい肩の位置で、バットのヘッドが頭の方に傾いている。これが正しい位置であり、正しい高さと角度だ。トップの位置は必ずこの位置でなければヒットを量産できず長打も打てない。キャッチャーは、バッターのトップのときのこの位置を見逃してはいけない。トップでグリップの位置が高いバッターは低めに弱いのだ。低めのストレートとアウトコース低めに落ちる変化球で攻めれば内野ゴロを打ってくれるのだ。

グリップの位置が低いバッター

トップでグリップの位置が肩より低い位置にあるバッターは高めに弱点がある。高めのストレートを軸にして配球する

グリップの位置を肩より下に置いて構えているバッターは、トップのときも肩より下になる傾向が強い。こんなバッターはバットが下から出るので低めに強く、高めに弱い。力のある高めのストレートならば簡単にフライを上げてくれるはずだ。このタイプには力のあるパワーヒッターが多いが、逃げずに高めのストレートを軸にした配球が有効だ。特にインコースの高めのストレートは打てないはずだ。また、低めは得意なので低めのボール球でも振ってくる傾向がある。追い込んだら、ボールになる低めの変化球が特に有効だ。これらのバッターへの配球は、初球はインコース高めのストライクゾーンいっぱいのストレートでストライクを取ることが重要だ。初球ストライクが取れれば、配球に余裕が持て、配球の幅も広がり、打ち取れる確率はぐんとアップする。

オープンスタンスで構えているバッター

オープンスタンスで構えているバッターは、ボールをしっかり見ようとしているのだ。オープンスタンスからテークバックに移行しトップでスタンスがスクエアになるバッターの弱点は、テークバックでキャッチャー方向に体を少し捻じることになるので、インコースが窮屈になりインコースのストレートに差し込まれることだ。オープンからオープンにアウトステップすればインコースは打てるがアウトコースにはバット届かなくなる。キャッチャーはバッターがステップしたときの前足がどうなっているかを観察することが重要だ。真っすぐスクエアにステップしていれば、インコースにストレートを投げ込めば打ち取れる確率が高い。このタイプのバッターは真ん中からアウトコースのボールを逆方向に打つのが得意だ。逆にオープンからオープンにアウトステップするバッターは真ん中からインコースのボールを引っ張る傾向が強い。キャッチャーはバッターを見極め、どのコースを軸にして打ち取っていくかを決めることが重要だ。

オープンスタンスで構えているバッターは、インコースに差し込まれる

クローズドスタンスで構えているバッター

最近はあまり見なくなったが、クローズドスタンスで構えるバッターもいる。これらのバッターは、クローズドの構えから鋭く体を回転させ、強い打球を打つ傾向が強い。アウトコースを狙って、クローズドからクローズドにインステップしアウトコースのボールを逆方向に狙って打つのが特長だ。またクローズドからピッチャー方向に真っすぐステップして、アウトコースから真ん中のボールを思い切り引っ張ってくるバッターもいる。クローズドスタンスのメリットはアウトコースのボールが打ちやすくなるということだ。また、体の開きを抑えることができるので変化球で崩されても体が開いてない分、逆方向に追っつけて打つことができるのだ。ただし、その反面、速いボールに差し込まれやすくなり、インコースのボールが打てないのだ。クローズドで構えているバッターには、アウトコース低めの変化球とインコースのストレートを軸にして配球すれば打ち取りやすくなる。

クローズドからクローズドにインステップするバッターはアウトコース低めの変化球とインコースのストレートが有効

スタンスが狭いバッター

スタンスが狭いバッターは、体をコンパクトに鋭く回させて打つことができるのでインコースに強い。その反面、アウトコースの低めや外に逃げていくボールに弱点がある。それはスタンスが狭い分、棒立ちになっているためアウトコース低めが遠くなるからだ。スタンスが狭いバッターには徹底してアウトコース低めを突くのが有効だ。ただし、構えたときにスタンスが狭くても、大きくステップしトップではスタンスが広くなるバッターもいる。こんなバッターは動きが大きいため目の高さが大きくずれる。目の高さがずれるとボールの軌道の情報が目から正確に脳に伝わらないのだ。感覚がずれるのだ。高低の揺さぶりに弱いのだ。また、高めにも弱点があるのだ。そしてステップが大きいため体の回転が上手く使えずインコースを捌くのも難しくなる。キャッチャーはそこを観察することが重要だ。バッターのステップで攻め方が変わり、配球が決まるのだ。

スタンスが狭いバッターはアウトコース低めに弱点がある

スタンスが広いバッター

スタンスが広いバッターは、ノーステップで打つバッターが多い。体が大きく長距離ヒッターに多く見られる打法だ。体の上下運動をなるべく少なくするために、スタンスを大きく取り、ノーステップ気味にしている。もともとパワーがあるから、パワーを生み出すための大きな重心移動をする必要が無く、ミート力を高めるためにこのスタンスにしているバッターが多い。バッテリーは、このタイプのバッターには甘いボールは禁物だ。低めに強く高めに弱い傾向があり、四隅を使った配球が必要だ。また、ストレートと変化球を織り交ぜた緩急を使った投球が効果的だ。このタイプのバッターは、構えたときの重心が低く、低めのストレートや変化球が得意でそこを狙っている。初球に低めの甘いボールを選択してはいけない。初球にアウトコース低めの厳しい変化球ならゴロを打ってくれる。見逃しやファウルになったら、高めのストレート打たせる配球をすると小フライを打ってくれる確率が高い。このタイプのバッターには低めの厳しい変化球と高めのストレートを軸に配球することが基本だ。

スタンスが広いバッターは高めに弱点がある

ベースに被さって構えているバッター

前かがみになりベースに被さって構えているバッターの特長は、アウトコースをうまく捌けることだ。体から一番遠いアウトコースのボールや真ん中からアウトコース低めのボールにバットが届くのでそこを得意としている。逆にインコースは体を起こして打たなければならずインコースに弱点がある。ベースに被さるように構えることにより、ピッチャーにインコースに投げさせないようにもしているのだ。また、高めにも弱点がある。低く構えている分、高めにはバットが下から出るからだ。ベースに被さっているバッターへの配球は、初球にインコースストレートの速い球で、バッターの体を起こすと効果的だ。バッターには、必ず直前に見たボールの軌道が残っている。2球目はインコースストレートを意識しているはずだ。2球目は高めのストレートで勝負すると、簡単にフライを打ち上げてくれる。このタイプのバッターはインコースと高めのストレートを軸にして配球を組み立てると抑えられる。

ベースに被さっているバッターは、インコースを攻める

バットを寝かせて構えているバッター

バットを肩に乗せ寝かせて構えているバッターは、ストレート対策でストレートに振り遅れないようにしているのだ。バットを寝かせて構えると、バットが振り出しやすくなるのでバットコントロールがしやすいのだ。得意なコースはトップのときのグリップとバットのヘッドの高さに近い高めだ。高めは打たれると考えて配球を組み立てることが重要だ。バットを長く持っているか、短く持っているかを観察することも重要なポイントだ。長く持っていれば真ん中からアウトコース高めが最も得意で、短く持っていれば真ん中からインコース高めが最も得意なのだ。低めはどのコースも苦手にしている。低めのストレートと変化球を軸にして配球すれば簡単に追い込めるはずだ。決め球は外角低めのボールまたは得意でない方の高めぎりぎりの力のあるストレートを使うと打ち取れる。

バットを寝かせて構えているバッターは高めに強い。低めを軸に配球を組み立てる

バットのヘッドがピッチャー側に入りすぎているバッター

ヘッドがピッチャー寄りに入りすぎているバッターはストレートに遅れる

トップでバットのヘッドが極端にピッチャー側に入りすぎるバッターは、打ちにいったときバットのヘッドが遠回りする。インパクトまでのスイングが大きくなりすぎるのだ。その分、力のあるストレートにはタイミングが合わず遅れてしまうのだ。ヘッドが下がるのでフライが多くなる。逆に真ん中から低めに来る半速球のボールにはタイミングが合いやすく、バットが遠回りする分、パワーも増しているので打たれやすい。これらのバッターには高めのストレートを軸に組み立てると打ち取りやすい。また、インコースのストレートも苦手にしている。振り出してからインパクトまでの時間がかかりすぎるため、鋭く曲がってくるスライダーにも対応できない。インコースと高めのストレート、外に逃げていく低めのスライダーのコンビネーションで打ち取れる。

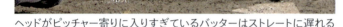

第4章

バッターの動きで特長や弱点を見抜く

打席に入る前のスイングを見る

　バッターはバッターボックスに入る前かネクストバッターズサークルで必ずスイングする。キャッチャーはこのバッターの動きを見逃してはいけない。このバッターのスイングから多くの情報が見て取れるのだ。どんな球種を想定してスイングしているか？　どのコースを想定してスイングしているか？　どの方向に打とうとしているか？　コンパクトに振ろうとしているか？　大きなスイングで強く振ろうとしているか？　などが分かるはずだ。また、走者がいれば、走者を進めるためのスイングをしているか？　走者を還すためのスイングをしているか？　走者を見たり、監督をみたりしてサインが出るのを確認しようとしているか？　などが分かるはずだ。打ち気にはやっているか？　冷静か？　などが分かるはずだ。最初は分からなくても、必ず見るようにすれば、必ず表情やスイングに表れるものが見えてくるようになる。それが分かれば、配球に生かせ打ち取れる確率は大きくアップする。

次のバッターの動きを観察する

軸足の角度を1球ごとに見る

どのコースを狙っているかが出やすいのが、軸足の角度だ。バッターはアウトコースを狙っていれば軸足をアウトコースに向ける。逆にインコースを狙っていれば、インコースを打ちやすくするため少し開く。また、アウトコースを狙いならば軸足が少しずつベースに近づいてくる。インコース狙いならば前足も少し開き気味になる。キャッチャーはバッターの両足の少しの変化も見逃さないことが重要だ。アウトコース狙いならばインコースを、インコース狙いならアウトコースを攻めるのが配球の基本だが、バッターが狙ってるところに大きな落とし穴がある。バッターは狙っているから少々の厳しいボールでも打ってくる。そこを上手く突く配球を覚えることも必要だ。セオリーだけではバッターに読まれてしまう。バッターの弱点を徹底して突きながら、得意なコースから少し外れたボールになるコースを使うことも重要だ。

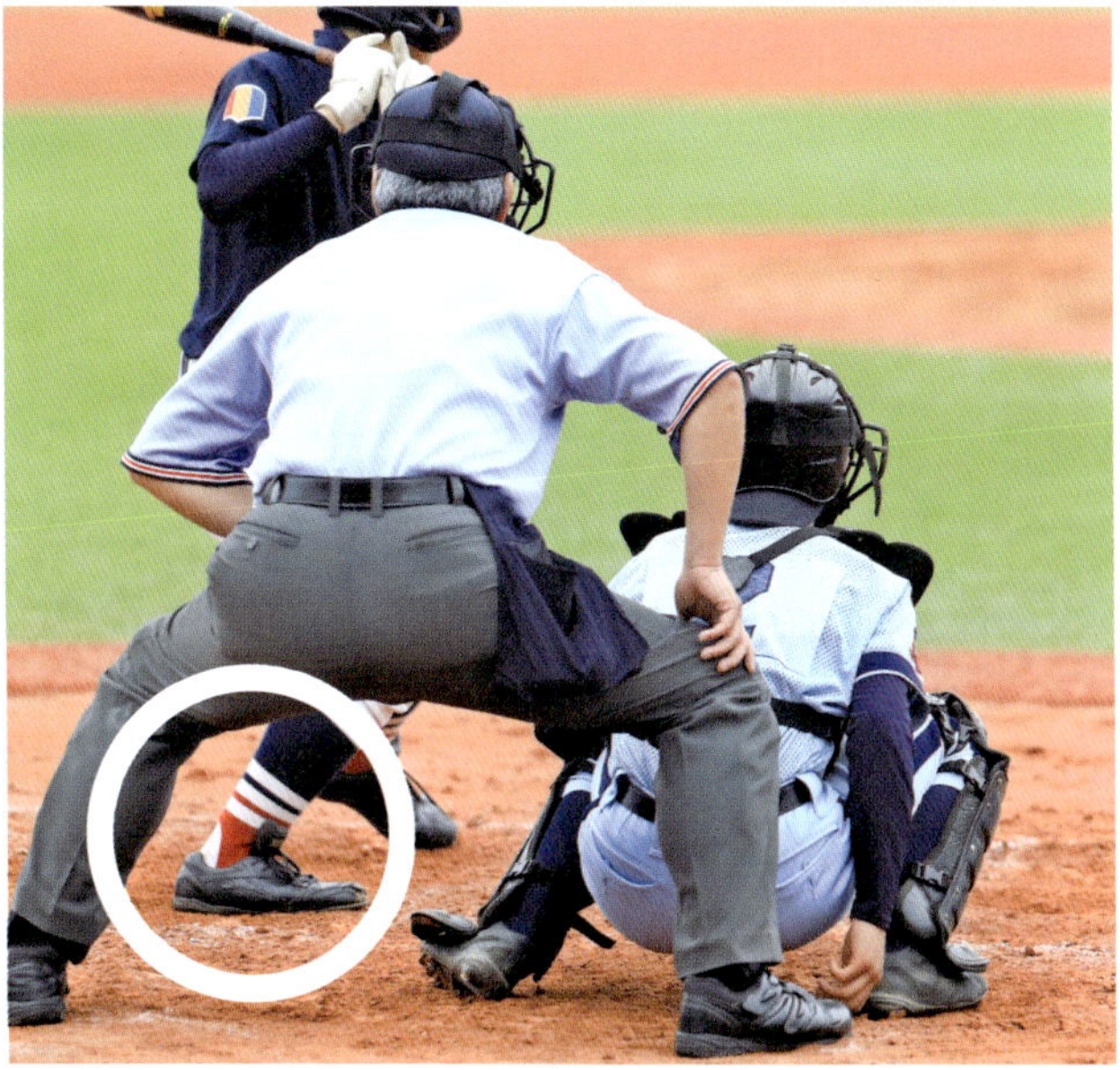
バッターの軸足を見る

バッターボックスでの動きや顔を1球ごとに見る

キャッチャーはバッターがバッターボックスに入ったときの動きを観察することが重要だ。まず顔を見る。打ち気満々か、冷静かを見極める。どこを見ているかも重要な情報の一つだ。バッターは打ちたい方向を自然と見ているのだ。またミートポイントを確認するバッターもいる。バッターはそのポイントに来るボールを待っているのだ。どんなボールを待ってどう打ちたいかは、体のいろいろな部分に表れる。ピッチャーよりの肩をベース寄りに閉じたり、逆に開いたり、また、前足の膝頭をキャッチャー方向に向けたり、目付けを一定の方向ばかりに向けたり、様々な動きをしてくるのだ。それらの動きを観察し、バッターの心理を読むことが重要なのだ。キャッチャーは、こういった野球感覚というものを身に付けることが重要で、この感覚は試合で意識して1球1球バッターを観察しないと磨かれてこない。とにかく1球1球バッターを見て何かを感じることが重要なのだ。

バッターの動きや顔を一球ごとに見る

見逃しから得られる情報

バッターが初球のストライクを見逃したら、キャッチャーはなぜ見逃したかが瞬時に分からなければいけない。待球作戦で全く打つ気がなかったか？　狙い球と違ったから打たなかったのか？　ストレートが思ったより速く手が出なかったのか？　変化球のキレが鋭く手が出なかったのか？　甘いコースを待っていたが厳しいコースに来たから打たなかったのか？　バッターが初球のストライクを見逃したら、その見逃しには大きな意味が隠されているのだ。キャッチャーは、それを知ることが重要なのだ。全く打つ気がなかったのなら、体はぴくりとも動かなかったはずだ。打ちにいって止めたのなら、そこから、なぜバッターが止めたのか、バッターの動きで読めるはずだ。

打ちにいって止めたのなら、バッターはその球種とコースは打てないと感じているはずだ。また、その球種とコースは残像に残っているので対応しようと考えているはずだ。そこには、大きな意味があることをキャッチャーは分かって配球に生かすことが重要だ。

見逃しから情報を得る

振りが大きいバッター

バッターのスイングを見て、大振りをしているのか、フルスイングをしているのかを見分けることも重要だ。スイングスピードが速くないのに大きい打球を打とうとしてインパクトまでのスイングが大きくなり遅くなっているバッターは大振りしているのだ。これらのバッターは遅いボールには強いが、速いボールや変化球には対応できないのが一般的だ。気を付けたいのはスイングスピードが速く、スイングが大きく、フルスイングしてくるバッターだ。このタイプのバッターは体も大きく、長打力もあり、間違えばオーバーフェンスもある危険なバッターだ。こんなバッターの攻め方は、高低を上手く使い、緩急をつけた配球をすることだ。いいかえればフルスイングをさせないことなのだ。少々スピードあるボールでも、変化球でも甘く入るとかんたんに打たれてしまう。ストレートはインコース高めとアウトコース低めに、緩いカーブを使い、決め球は低めに落ちるボールを使うと、かなり高い確率で抑えられる。

振りが大きいバッターは緩急で攻める

コンパクトに振るバッター

コンパクトに振ってくるバッターには好打者が多い。スピードボールにもキレのある変化球にも対応できるからだ。スイングスピードが速いバッターやコンパクトに振ってくるバッターには、緩急を使わないと抑えきれない。弱点があるバッターには、その弱点を軸に攻めれば抑えられるが、コンパクトに振ってくるバッターは弱点が少ないのだ。バットコントロールもいいので曲がりが早い変化球には対応できてしまう。

コンパクトに振ってくるバッターには、真っすぐ来てバッターの手元で小さく曲がるカットボールやスライダーを使って打ち損じを狙う配球が基本だ。カットボールやスライダーを軸に、四隅をついたストレートと遅いカーブを交えると、コンパクトに振れるバッターでも泳がせることができる。好打者には、緩急を付けて体を崩す配球と打ち損じさせる配球を使うことが重要だ。

コンパクトに振ってくるバッターは弱点が少ない

ミートポイントが前のバッター

ミートポイントが前のバッターは、少ない力でボールを遠くへ飛ばすことができる。しかし、ミートポイントを前にするためには、投球に対してスイングの始動を早くする必要がある。そのため投球に対応できる範囲が狭まってしまうのだ。これらのバッターを打ち取るためには、わずかに曲がるツーシーム、カットボール、スライダーを軸に組み立てればいいのだ。わずかに曲がる変化球はバッターの手元で変化する。そのわずかな変化に、ミートポイントが前のバッターはついていけないのだ。バットの芯を外したり、打ち損じたりしてくれる。キャッチャーが配球を組み立てるとき、キャッチャーが意図するボールをピッチャーがどの程度投げられるかを考えておくことが重要だ。バッターの手元まで来てわずかに曲がるボールは、ピッチャーも投げるのが難しい。わずかに曲がる変化球が投げられないピッチャーのときは、遅い低めの変化球を軸にする。ミートポイントが前のバッターは遅い変化球だと泳いで引っ掛けてゴロになる確率が高いのだ。

遅い変化球で泳がせる

ミートポイントが後ろのバッター

ミートポイントが後ろ、いい変えれば、体の近くで打つバッターが多くなってきている。ミートポイントが後ろだと、ボールを長く見ることができ確実性が増すのだ。昔は、ボールを引き付けて打つと飛ばないと教える指導者もいたが、近年はミートポイントに対する考え方も変化してきた。ミートポイントが前でなくとも、ホームランは打てるのだ。近代野球は、わずかに曲がる変化球、わずかに落ちる変化球を多投するピッチャーが増えてきている。それらのピッチャーに対応するためミートポイントが後ろのバッターが増えてきているのだ。

ミートポイントが後ろのバッターは長くボールを見られる分、変化球に強い。これらのバッターに対する配球は、速いストレートが軸になる。バッターのミートポイントは高めが前で低めが後ろ、インコースが前でアウトコースが後ろ。このことから、ミートポイントが後ろのバッターにはインコース高めのストレートを軸に配球をするのが基本となる。インコース高めで詰まらせるのだ。

インコース高めのストレートで詰まらせる

バットが遠くを回るバッター

バットが遠くを回るバッターは、バットのヘッドが体から離れ遠くを回るのでストレートにタイミングが遅れる。ヘッドが遠くを回ってアウトサイドからインサイドに振ってくる打ち方なので、一般的にはドアスイングといわれている。ドアスイングは、インパクトまでに力が増してきているので当たれば強い打球が打てる。しかし、理にかなった打ち方ではないので、ミートまでに時間がかかりヒットを打てる確率は下がる。少年野球で体の大きい選手がこの打ち方で大活躍する場面を見てきたが、中学野球や高校野球に進むとストレートに押され打てなくなる打ち方だ。

これらのバッターへの配球はインコースのストレートを軸にする。当たってもほとんどファウルになるか振り遅れるかだ。アウトコース低めのストレートにも振り遅れる。得意なのは低めの甘い変化球だ。少々振り遅れてもタイミングが合うからだ。徹底してストレートで勝負することが基本だ。

ドアスイングのバッターにはストレートで勝負する

バットが下から出るバッター

下からバットが出るバッターには高めのストレートで勝負する

バットが下から出るバッターは、振り始めで後ろの肩が下がりバットのヘッドが下がる。これらのバッターは低めに強く高めに弱い。高めのストレートを軸に配球すれば打ち取れるだろう。ネクストバッターボックスでのスイングを見れば、バットが下から出ていることは直ぐに分かるはずだ。見分け方は、後ろの肩が大きく下がり体の回転が下から上になっているかどうかだ。また、これらのバッターは、バットのスイング軌道を見ても下から上になっていることが分かる。低めはストレートにも変化球にも対応できる打ち方なので、甘い低めのストレートと変化球は、かなり高い確率で打たれると思った方がいい。逆に、高めのストレートは極端に苦手なので、簡単にフライを上げてくれるか空振りで打ち取れるはずだ。これらのバッターには高めで勝負が基本だ。

上から叩こうとしているバッター

上から叩こうとしているバッターは二つに分けられる。走者がいるため、走者の後ろ方向にゴロを転がし走者を進めようとしているか、スイング自体はダウンスイングではないが、フライを上げないことを意識して上から叩こうとしているかだ。

走者を進めようとしているバッターは1、2塁間を抜けるようなゴロを打ちたいのだ。上から叩こうとしているので、真ん中から高めは強いゴロ、またはライナーの鋭い当たりを打たれる確率が高い。ゴロを打ちたいので低めは打ってくるはずだ。インコースまたはアウトコースいっぱいの低めのストレートまたは変化球なら平凡なゴロを打ってくれるはずだ。0アウト1塁で簡単にゴロを打ってくれるバッターはありがたい。セカンドゴロでもファーストゴロでもゲッツーが取れるはずだ。上から叩こうとしているバッターには低めでゴロを打たせる配球が基本だ。

上から叩こうとしているバッターは、低めでゴロを打たせる

逆方向を狙っているバッター

0アウト2塁、バッターは下位。このケースは送りバントか打ってくるにしても2塁方向にゴロを転がすバッティングをしてくることが基本だ。バッターを見れば、どんなバッティングがしたいと思っているかが分かるはずだ。右バッターで普通に打ってくるなら、アウトコース低めの変化球かアウトコースまたはインコース低めのストレートでサードゴロかショートゴロでアウトカウントを増やす配球が基本だ。左バッターなら引っ張らせない配球が基本だ。バッターがセカンド方向を狙ったバッティングをしてきたら、右バッターなら基本はインコースのストレートで右方向に打たせないことだが、アウトコースいっぱいならファウルになりやすいことも覚えておこう。左バッターならアウトコースを三遊間方向に打たせるのが基本だが、インコースはファウルになりやすく、詰まったフライにもなりやすい。アウトコースの甘いストレートは右、左どちらのバッターにも簡単にセカンドゴロを打たれるので緩急を使うことが重要だ。

逆方向を狙っているバッターは、アウトコースいっぱいならファウルになる確率が高い

変化球を待っているバッター

何も考えないで自然体でバッターボックスに立っているバッターは少ない。ほとんどのバッターが配球を読み、どのボールを打つか考えて立っている。ストレートのタイミングで待って変化球にも対応しようとしているバッターが一般的だが、結局は変化球で打ち取られるバッターが多い。また、配球が読めないので自分で打つと決めた変化球だけを待って立っているバッターもいる。鋭い変化球でも狙っていればヒットになる確率が高いからだ。変化球狙いのバッターにはストレートが基本だが、甘いストレートは打たれる。インコースのストレートが有効だ。また、変化球なら打ってくるのでボールになる変化球も有効だ。

キャッチャーはバッターが何を狙っているかを見抜くことが重要だ。変化球狙いのバッターは、構えでいつもより軸足側に重心を掛けている。軸足に長く重心を乗せボールをぎりぎりまで見ようとしている。そして変化しきったところを逆方向に打とうとしているのだ。

変化球を狙っているバッターは、軸足に重心を乗せ、ぎりぎりまでボールを見ようとしている

ストレート狙いのバッター

ストレート狙いのバッターは、早めにトップを作り、前で打とうとする。構えは、いつもよりややや前足に重心を乗せステップ幅を小さくして、上からコンパクトに振り、力負けしないように振ってくる。バッターの素振りを見れば、タイミングの取り方や体の使い方でストレート狙いということが分かるはずだ。ストレート狙いのバッターには変化球を軸に配球をするのが基本だ。変化球で追い込んでボール球を打たせれば打ち取れる。ただし、バッターは配球を読むのだ。初球がストレート狙いだからといって、2球目もストレート狙いとは限らない。キャッチャーはバッターを観察することが重要だ。初球を変化球でストライクを取ったら、バッターも考えるのだ。

ストレート狙いのバッター

キャッチャーは初球の変化球にバッターが反応しなかったからストレート狙いだと考えるのは当然のことだが、バッターの次のボールを待つしぐさや立ち位置の変化、軸足の角度などをしっかり見て、変化を見逃してはいけないのだ。

打ち気のないバッター

あきらかに待球作戦でくるバッターがいる。バントの構えやバスターの構えでピッチャーにプレッシャーを掛けながらカウントを有利にして、あわよくばフォアボール、または有利なカウントから甘いボールを狙って打ちたいのだ。バッテリーはバッターがバントの構えをしてきたらバントをさせればいいのだ。バントをさせれば、打ってくるよりはるかにアウトにできる確率が高いのだ。打ち気のないバッターは、極端にピッチャーよりに立つか、キャッチャー寄りに立つことがある。いつもとは違う、こんな動きがあれば、ほとんどの場合バッターは打ってこない。この構えからバントやバスターの構えをしてくることが多いのだ。また、これらの動きをしなくても打ってこないことがある。チームによっては初球のストライクは必ず見逃がす作戦をとってくることもある。キャッチャーはいち早く、それに気づくことが重要だ。バッターは初球のストライクを打つということが基本だ。キャッチャーはバッターが初球を見逃したら、そこから感じることが山ほどあるはずだ。

バントの構えで打ってこないバッター

外野フライ狙いのバッター

0または1アウトで3塁にランナーがいるときのバッターは、最低でも外野フライを打って3塁ランナーをホームインさせたいと考えている。ベルトから上のストライクゾーンに目付けをして外野フライを打とうとしている。ただし、このケースでも、転がせよ！　と声を掛けゴロを打たそうとしているチームもいる。そのときは低めに投げてゴロを打たせればいいのだ。このケースでキャッチャーは、外野フライやヒットを打たれて失点しない配球をすることがとても重要なことなのだ。そのためには、低めを打たせる配球をすることだ。どんなときもそうだが、ピッチャーに、どんな投球をさせたいかを考えると同時に、バッターにどんなバッティングをさせたいかを考えるのだ。泳がせて内野ゴロや内野フライを打たせたいか、詰まらせて内野ゴロを打たせたいか、または、見逃しや空振りの三振を取りに行くか、などだ。このケースは、緩急をつけながら、低めにストレートと変化球を投げ分ける配球が基本だ。

低めのストレートと変化球で内野ゴロを打たせる

セーフティーバント狙いのバッター

　意表を突いたセーフティーバントとよくいわれるが、キャッチャーが意表を突かれてはいけない。セーフティーバントで出塁を狙っているバッターは、どのチームにもいるのだ。キャッチャーは、試合前の練習で相手選手の動きを見て、頭に入れておくべきなのだ。一般的には、打順でいうと1、2番か下位打線に多い。セーフティーバントが成功しやすいのは、3塁前かピッチャー、ファースト、セカンドの三角地点の真ん中あたりに転がすと内野安打になりやすい。セーフティーバントが最もやりやすいのは真ん中付近の半速球だ。四隅に来る速いストレートや低めの変化球はやりにくい。セーフティーバントが最もやりにくいのはインコース高めのストレートとアウトコース低めの外に逃げていく変化球だ。足が速くセーフティーバントをやってきそうなバッターはインコース高めとアウトコース低めの変化球を軸に組み立て早めに追い込むことだ。足の速いバッターにはフライを上げさせる配球も有効だ。

アウトコース低めの変化球とインコース高めのストレートを軸に組み立てる

送りバントのサインが出ているバッター

0アウト1塁や0アウト2塁または1、2塁の送りバントのケースでは、送りバントがセオリーだ。だからといってキャッチャーは送りバントと決めつけてはいけないのだ。バッターを見て送りバントのサインが出ているか、打ってくるかを見抜くのだ。

送りバントをしてくるバッターは一般的にはバッターボックスの前に立つ。キャッチャーはバッターの立ち位置を確認して、いつもよりピッチャーよりの前に立ったらほぼ送りバントのサインが出ていると思って間違いない。また、バッターのスタンスを見ると、初めから軸足を前に出しオープンに構えるバッターもいる。軸足を前に出しオープンに構えたら打ちにいけないので、この体勢のバッターもほぼバントをしてくると思っていい。打つのと同じスタンスで上体だけバントの構えをしているバッターは、バスターもある。安易に真ん中付近に甘い球を投げないことが重要だ。打ってくるか、バントをしてくるかは、バントの構えからバットを引いたときに重心を軸足に乗せられるかどうかで見分けるのだ。

軸足を前に出して構えたら、バントをしてくる

スクイズバントのサインが出ているバッター

スクイズは見破っていないけど、スクイズしてきそうなときがある。そんなとき、ウエストしてボールカウントを悪くしたくない。このような場面をどう考え、乗り切るか？　それはピッチャーと状況を共有することが重要だ。牽制を入れたり、相手ベンチを観察してバッターやランナーの動きを観察したりするのだ。3塁牽制をしたときに、バッターの動きに微妙な変化が無いかどうかを観察する。一瞬、後ろ足の膝がピクッ動いてバントの構えに入る動作があったかどうか。また、一瞬、グリップの両手が離れなかったか。さらに、テークバックでいつもやっている後ろ足への重心移動をしなかったかなどだ。2、3塁のときは、3塁牽制で2塁ランナーが一瞬、スタートを切る動作を見せなかったかも大きなヒントになる。

ランナーが3塁にいるときは、相手チームがサインの確認をした直後のバッターやランナーを観察して欲しいのだ。バッターが打ち気満々という態度を取る。サインを確認した直後にバッターがランナーを見てアイコンタクトでスクイズのサインが分かっていることを確認する。ランナーのリードが小さくなるなど今までと変化が起きるなどだ。その他、サインを出す監督が見えないところに隠れるなどいつもと違う動きをするときは要注意だ。さらに、相手ベンチのかけ声を注意して聞くと分かることがある。打って還せ！　振り切れ！　外野フライでいいぞ！　などスクイズを連想させない言葉は怪しいと思った方がいい。

作戦を確認しあう選手。
キャッチャーはこれらの動
きも見逃さないことが重要

おわりに

2018年3月、第90回記念選抜高等学校野球大会に4名の教え子が出場した。中央学院高校(千葉県)の二塁手、日大三校(東京)の一塁手と外野手、慶應義塾高校(神奈川県)の三塁手だが、全員試合に出て甲子園の土を踏んだ。今回のセンバツ大会は、この3高校の試合に注目していた。

大会3日目の明徳義塾対中央学院の試合はテレビで見ていたが、最終回に逆転サヨナラホームランが飛び出し強烈な衝撃を受けた。この試合でサヨナラホームランを打った明徳の4番、谷合選手に対して、中央学院のバッテリーは第4打席までほぼ完璧な配球で的を絞らせず、力の勝負でも押さえ込んでいた。全投球の内容を見ると、長打力のある谷合選手に対してインコースを使わず、すべてアウトコースのストレートとスライダーという配球だった。強気の配球で第1打席から第3打席まではストレートで打ち取っている。第4打席では初球スライダーからストレートを4球続けた2ボール2ストライクからの6球目のスライダーでセカンドゴロ併殺に打ち取っている。

第5打席目は5対4と中央学院がリードして迎えた9回の裏、ツーアウト1、2塁の場面だった。初球は外角ストレートの見逃しで1ストライク、2球目も外角ストレートでファウル、2ストラーク0ボールと中央学院バッテリーは追い込んだ。2球目、3球目がチェンジアップでボールとなり、5球目は真ん中高めのストレート。タイミングの合ったファウルだった。ここで中央学院のエース大谷投手はキャッチャーのサインに首を振って、自分の最も得意とするストレートを選択した。この投球がアウトコース高めに甘く入り、痛恨の一打を打たれてしまったのだ。

大会6日目の慶應義塾対彦根東は、甲子園のネット裏で観戦した。この試合でも衝撃的なシーンを目の当たりにすることになった。慶應1点リードの8回、ツーアウト1、3塁、バッターはこれまでに2本のヒットを打っている打撃好調の高内捕手。慶應のエース生井投手はストレート2球で追い込み、チェンジアップ2球が外れ2ボール2ストライクとなった。5球目のストレートがファウルになり、次の6球目、生井投手はキャッチャーのサインに首を振った。もっとも自信のあるインコースストレートを選択したのだ。その投球が甘くやや高めに入ってきたところをバッターが腕をたたんで上手く打ち返した。打球はレフトスタンドポール際に飛び込み逆転のスリーランホームランとなった。

試合後のインタビューで彦根東の高内捕手は、ピッチャーが首を振ったので、必ず自信のあるインコースストレートが来ると思ったと述べている。一方、打たれた生井投手はチェンジアップのコントロールに自信が無かったためカウントを悪くしたくなかったと述べている。キャッチャーを信じ切れなかったともコメントしている。慶應の善波捕手は、自分がもっと厳しいコースを要求すればよかったと反省していた。

この配球で負けたことで、慶應のバッテリーは反省し、1球の怖さを知り、バッテリーで配球を考え、投球の制度をあげ、夏には大きく成長して戻って来るだろうと確信した。甲子園では何が起きるか分からない。中央学院のバッテリーも甲子園で学んだことが多かったはずだ。配球の勉強をして夏には甲子園に戻って来てもらいたいと思った。

2018年3月　著者　大田川茂樹

ピッチャー、キャッチャー、バッターのための野球教書
配球の考え方と読み方
2018年6月5日　第1版第1刷発行

著　　者　大田川茂樹
監　　修　西井哲夫（元ヤクルトスワローズ投手）
撮　　影　山岸重彦
　　　　　大田川 央
協　　力　千葉西リトルシニア
デザイン　鈴木洋亮

発 行 者　大田川茂樹
発 行 所　株式会社舵社
　　　　　105-0013 東京都港区浜松町1-2-17 ストクベル浜松町
　　　　　TEL 03-3434-5181　FAX 03-3434-5860

印　　刷　株式会社 シナノ パブリッシング プレス
ISBN978-4-8072-6558-9